IRENE BRUNNER

ENTDECKE DIE PUBERTÄT

DAS AUFKLÄRUNGSBUCH FÜR JUNGEN AB 9

ALLES, WAS DU ÜBER DIE VERÄNDERUNGEN IN DEINEM KÖRPER WISSEN MUSST.

DEIN WEG ZUM MANN – SICHER, SELBSTBEWUSST UND GESTÄRKT

Inhaltsverzeichnis

Vom Jungen zum Mann – der Körper im Wandel 1
   Bleib gelassen! 3
   Was ist die Pubertät überhaupt? Jetzt findest du
   es heraus 5

Alles am Körper verändert sich – was nun? 8
   Ab wann beginnt die Pubertät bei dir? 10
   Erste Anzeichen für Veränderungen: Das alles
   passiert in deinem Körper 11
   Keine Panik: So gehst du mit pubertären
   Veränderungen um 13
   Komische Gefühle: Alles kribbelt, dann bin ich
   plötzlich traurig, wütend oder genervt! 15
   Das Gehirn gleicht während der Pubertät einer
   großen Baustelle 18
   Wer ist meine Vertrauensperson? 20
   Gerade niemand zum Reden verfügbar? Du
   kannst dir auch selbst helfen 21

Körperveränderungen – Ich werde ein Mann 23
   Wenn die ersten Haare sprießen! Ich sehe aus
   wie ein Bär 26
   Wie, wo und wann? Haarwachstum beginnt mit
   etwa zehn Jahren 26
   Ab wann sollte ich mich rasieren? 28
   Mein ganzer Körper wächst? 30
   Mein Penis wächst! So sieht er später aus 31
   Hilfe, ich habe Akne! Lästige Pickel und Mitesser
   in der Pubertät 35
   Was tun gegen normale Pubertäts-Pickel? Deine
   Kampfansage! 39
   Mir tut alles weh! Wachstumsschmerzen 40

Das ist mir alles peinlich! 41
Verständnis für deine Eltern und Toleranz 42
Die beste Ernährung in der Pubertät: Ja, auch Chips
darfst du essen 43
Ich bin ein kleiner Nimmersatt 44

Stimmbruch – alles, was du darüber wissen musst! 48
Wann muss ich mit dem Stimmbruch rechnen?
Und wieso passiert das überhaupt? 49

Mädchen und deren Welt 52
Gefühlschaos bei Mädchen 53

Liebe, Sex und alles, was dazugehört 57
Selbstbefriedigung ist in Ordnung 59
Ich bin verliebt! Was mache ich jetzt nur? 62
Oh nein, der erste Kuss 63
Erste sexuelle Erfahrungen sammeln: Petting – was
ist das denn? 64
Das erste Mal: So geht das mit dem Sex 66
Sex ist erst ab 14 Jahren erlaubt 70
Verhütung beim Sex: Man(n) nehme ein Kondom! 71
Wovor schützen Kondome? AIDS ist nur eine Sache 72
Woran erkennst du ein sicheres Kondom? 73
So funktioniert das Kondom in der Praxis:
Probiere es aus 74
Nach dem Sex – wie das Kondom entfernen? 75

Jeder ist anders 78
Ich mag Jungs – Alles, was du über Homosexualität
wissen musst 81
trans* – ich fühle mich eher wie ein Mädchen 84
trans* in der Schule? Wie geht das? 87

Alltagsthemen in der Pubertät 89
Waschen und Hygiene: Miefmüffel, wasch dich doch! 91
Auweia, der Männerarzt: Ja, du solltest zum Urologen 93
Sport ist Mord, oder etwa nicht? 95

Inhaltsverzeichnis

Der erste Liebeskummer – wie damit umgehen? 98
Heldentaten, Übermut und Alkohol 100
Mobbing und Gewalt, davon distanziere ich mich! 101
Du suchst dir deine Männlichkeit aus 103
Männlich in der Schule? 105

Nein sagen – unbedingt! 107
Stärke dein Selbstbewusstsein: Das bin ich wert! 109
NEIN sagen bei sexueller Gewalt 112
Gewalt bei dir zu Hause: Eine Ohrfeige ist nicht in
Ordnung 116
Deine Grenzen klar definieren 117
Es ist in Ordnung, dass du fühlst, was du fühlst 120

Das Coole am Erwachsenwerden 122
Fülle dein Leben mit Spaß! 123
Beste Freunde durch dick und dünn 124
Endlich abends weggehen 126
Sich von den Eltern abnabeln 127

Schlusswort: Jetzt fängt erst alles so richtig an! 129

Weiterführende Links 131
Für die Netzrecherche 133
Weitere Bücher zum Thema Pubertät 133

Quellen 135

Vom Jungen zum Mann – der Körper im Wandel

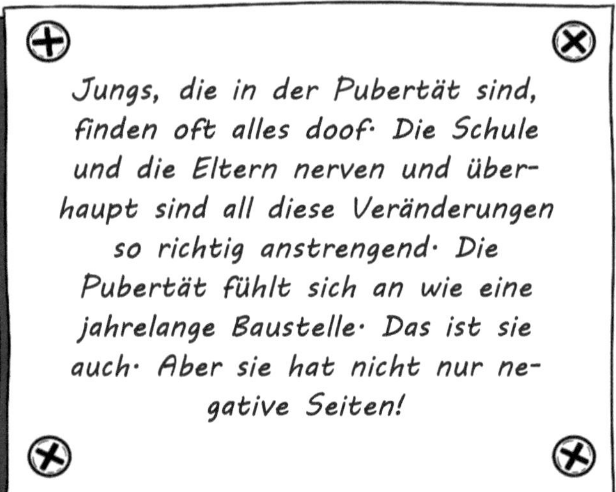

Jungen kommen im Alter zwischen zehn und 13 Jahren in die Pubertät. Mit ihr kommt im eigenen Körper so einiges in Bewegung. Dieser verändert sich jeden Tag ein bisschen mehr und auch im Gehirn gerät vieles durcheinander. Die erste Liebe verursacht ein Gefühlschaos. Und, als würde das noch nicht reichen, bist du plötzlich im Stimmbruch und geschlechtsreif.

Die Pubertät lässt dich nämlich zu einem Mann heranreifen. Das dauert ein paar Jahre. Zuerst verändert sich der Körper, dann kommt es zum ersten Samenerguss. Dein Penis wächst und die Hormone sorgen in deinem Körper für zahlreiche Entwicklungen. Die Pubertät ist kurz gesagt dein wohl größtes Abenteuer. Denn Erwachsenwerden ist nun mal eine große Sache. Wahrscheinlich hast du bisher gar nicht an Abenteuer gedacht. Doch du wirst in den nächsten Jahren viele spannende Dinge erleben und kennenlernen und dich tiefgreifend verändern: körperlich, geistig und seelisch.

Vieles siehst und spürst du in der Pubertät zum ersten Mal. Damit dich diese ganzen Veränderungen nicht verwirren, verunsichern oder ängstigen, haben wir für dich ein Aufklärungsbuch geschrieben. Auf den folgenden Seiten erfährst du alles über dieses Abenteuer. So bist du bestens auf Überraschungen vorbereitet.

Lies das Buch allein oder mit deinen Eltern. Es klärt dich in allen Bereichen auf. Du lernst, wo dich die Reise als Junge hinführt, und welche Prozesse in deinem Körper stattfinden müssen, damit du zu einem Mann heranreifst.

Bleib gelassen!

Vielleicht gehörst du zu den Jungs, die es kaum erwarten können, in den Stimmbruch zu kommen, oder sich endlich die Barthaare rasieren wollen. Oder – im Gegenteil – du wünschst dir noch ein bisschen länger, Kind zu sein und Kinderspiele zu spielen. Du kannst dich in der Pubertät natürlich weiterhin auf dem Spielplatz austoben. Dafür bist du nie zu alt. Doch die Veränderungen in deinem Körper lassen sich leider nicht aufhalten. Wenn sie kommen, sind sie da. Ohne, dass du ein Stoppschild zeigen kannst.

Wenn du ältere Geschwister hast, weißt du, dass einige Dinge in der Pubertät ganz schön unangenehm und nervig werden können. Aber du wirst lernen, damit klarzukommen, und erleben, dass die körperlichen Veränderungen auch positive Seiten haben. Selbst, wenn es sich zuerst komisch und fremd anfühlt. Und du wirst dich mit Sicherheit zum ersten Mal Hals über Kopf verlieben. Klar, in der Pubertät fahren deine Gefühle manchmal Achterbahn, doch du bist nicht allein. All deinen Freunden geht es so. Und auch deine Eltern mussten da durch. Sprich mit ihnen. Sie können dir sicher viel über diese aufregende und anstrengende Zeit erzählen. Auch deine großen Geschwister oder deine Großeltern können Ansprechpartner*innen in der Pubertät sein und viele Fragen beantworten.

Du wirst mit der Zeit merken, dass du die Pubertät im Großen und Ganzen relativ gut wegsteckst. Meistens ist sie dann doch nicht so schlimm wie befürchtet. Wenn du weißt, was in dir und mit dir geschieht, wird vieles leichter.

Wir haben das Buch in verschiedene Kapitel unterteilt. Diese kannst du dir nach und nach durchlesen. Du musst dich nicht an die Reihenfolge halten, auch wenn das am sinnvollsten für die Aufklärung ist. Warum aber ist Aufklärung überhaupt wichtig für dich? Gegen Ende der Grundschule beginnen bei einigen Jungs bereits erste Haare an Körperstellen zu sprießen, wo bis dahin keine waren. Und kurze Zeit später verändert sich die männliche Stimme. Vielleicht wachsen bei dir schon Haare unter den Achseln oder auf der Oberlippe. Das alles sind Zeichen, dass du in der Pubertät angekommen bist. Jetzt gilt es, die Zusammenhänge zu verstehen. Wenn du dich frühzeitig aufklärst, bleibst du gelassen. Und mögliche Fragen, die du dir stellst, werden in dem Buch beantwortet. Du wirst sehen, Pubertät ist gar nicht so schwer. Jeder Mann hat sie geschafft. Auch du kommst da durch!

In der Pubertät lernen Jungs eine neue Welt kennen. Diese ist aufregend, spannend und voller Abenteuer. Sei offen für alle Erfahrungen. Der Weg lässt sich sowieso nicht vermeiden. Er ist für dich und alle anderen in deinem Alter bestimmt! Aber: Du entscheidest, auf welche Weise du ihn gehen möchtest. Und habe vor allem eines: Spaß!

Was ist die Pubertät überhaupt? Jetzt findest du es heraus

Kleines Pubertätslexikon:

Pubertät = *Geschlechtsreife*
Hormone = *chemische Botenstoffe, also kleine Helferchen, die deinen Körper im Gleichgewicht halten und steuern*
Testosteron = *männliches Hormon, das für viele Veränderungen zuständig ist*

Pubertät ist ein lateinisches Fremdwort und bedeutet übersetzt Geschlechtsreife. Sie bezeichnet einen Lebensabschnitt, in dem sich Jungen und Mädchen zu jungen Erwachsenen entwickeln. Klingt nach einer großen Sache. Und das ist sie auch: Sie leitet das Ende der Kindheit ein! Du wirst zu einem Mann. Dann kannst du selbst über dich und dein Leben bestimmen, entscheiden, was du anziehen und essen willst, und musst dir nichts mehr vorschreiben lassen. Aber bis dahin dauert es noch ein paar Jahre. Und der Weg dahin steckt voller Überraschungen. Sicher, manches in der Pubertät wird dir gar nicht gefallen, besonders, wenn sich dein Körper verändert. Dann kann es zwischendurch mal vorkommen, dass deine Beine oder Arme nicht mehr das machen, was du willst. Die Baustelle ist aber nicht nur körperlich erkennbar. Auch dein Gehirn verändert sich und neue Gefühle wachsen und erwachen. Du wirst sehen, in den nächsten Monaten und Jahren kommen dir viele Dinge plötzlich blöd oder albern vor. Vielleicht fängst du an, anders über deine

Freunde, Eltern und die Welt zu denken. Manchmal fühlst du dich wie der stärkste Mensch der Welt, dann wiederum willst du am liebsten weinen.

Vom Beginn der Pubertät vergehen fast zehn Jahre, bis du richtig erwachsen bist. Mit etwa 18 Jahren bist du dann ein erwachsener Mann. Zuvor erreichst du schon die Geschlechtsreife, sprich, du bist dann fortpflanzungsfähig. Das bedeutet, dass du irgendwann davor deinen ersten Samenerguss hast und Gedanken an Sex in dir hochkommen.

Wann beginnt die Pubertät? Bei Jungs beginnt sie in der Regel später als bei Mädchen. Und zwar in etwa um den zwölften Geburtstag herum. Die meisten Jungs merken es erst gar nicht. Die äußeren Veränderungen sind nicht so sichtbar wie bei den Mädchen. Meistens zeigt sich bei Jungen die Pubertät nämlich zuerst durch emotionale Ausbrüche: Plötzlich musst du lachen und kannst nicht mehr aufhören. Oder du bist traurig und kennst den Grund dafür nicht. Möglich ist auch, dass du plötzlich wegen einer Kleinigkeit wütend wirst oder deine Leistung in der Schule nachlässt. Oder du streitest dich auf einmal ständig mit deinen Eltern. Grund für all diese wirren Gefühle sind die Hormone. Bei Jungs und Mädchen spielen diese in der Pubertät verrückt. Das Gehirn schüttet vermehrt GnRH (Gonadotropin-Releasing-Hormon) aus. Das ist sozusagen der Startschuss für die Pubertät. Und durch die vermehrte Produktion dieses Hormons fängt die Hirnanhangsdrüse an, weitere Hormone zu produzieren. Dein Gehirn schüttet dann Follitropin (FSH) und Lutropin (LH) aus. Diese Hormone sind bei dir dafür verantwortlich, dass du anfängst, Samenzellen zu produzieren. In diesem Zusammenhang bildet sich zudem das männliche Hormon Testosteron. Es regt die Entwicklung des Geschlechtsorgans und des allgemeinen Wachstums an. Du machst einen Wachstumsschub und gewinnst an Körpermasse. Auch verändert sich dein Körpergeruch. In der Pubertät kann dieser nämlich schon mal sehr stark ausfallen, sodass deine Eltern dich am liebsten mehrmals am Tag unter die Dusche stecken würden.

- Hormone sind kleinste Teilchen in deinem Körper. Sie sind für viele unterschiedliche Dinge verantwortlich. Auch für gute oder schlechte Laune, Hunger, Müdigkeit oder Angst. Sie regulieren deine Gefühlswelt und sorgen dafür, dass du heranwächst.

- Testosteron ist ein männliches Hormon, das für dein männliches Wachstum, den Körpergeruch, die Veränderung zum Mann und deine Aggressionen zuständig ist. Weil du mehr Testosteron hast als ein Mädchen, bist du schneller wütend oder hast Lust, aus der Haut zu fahren. Das beruhigt sich nach der Pubertät aber wieder.

- Die körperlichen Veränderungen beginnen bei Jungs etwas später als bei Mädchen. Etwa mit zwölf oder 13 Jahren fangen die Geschlechtsteile an, zu wachsen. Das bedeutet, dein Penis, deine Hoden und dein Hodensack werden größer. Aber auch dein Körper, deine Hände und Füße wachsen. Erste Schamhaare sprießen.

- Nicht nur dein Körper entwickelt sich. Dein Wesen, deine Gefühlswelt, dein Denken und Fühlen werden anders. Dafür sind ebenfalls die Hormone verantwortlich. Dank ihnen wirst du immer selbstständiger. Manchmal kann das alles für den Körper stressig sein.

Du wirst viele neue Erlebnisse und Empfindungen haben, die du so noch nie erlebt hast. Am Ende der Pubertät, wenn die Geschlechtsreife erreicht ist und du ein Mann geworden bist, wirst du über die ganzen Veränderungen lächeln. Doch im Moment ist dein Körper im Modus Baustelle.

Alles
verändert
sich - was
nun?

Kleines Pubertätslexikon:

Talg = Sekret, das Drüsen in der Haut produzieren

Geschlechtsreife = Entwicklungsstadium und Alter, ab dem du ein Kind zeugen kannst

Samenerguss = Ejakulation beim Höhepunkt; Samen kommen dann aus dem Penis.

Menstruation = die monatliche Blutung bei Mädchen, auch Periode genannt. Sie ist ein Zeichen für die Fruchtbarkeit. Hat ein Mädchen schon ihre Periode, kann sie theoretisch schwanger werden, wenn sie Sex hat.

Östrogen = weibliches Geschlechtshormon

Wie du bereits gelesen hast, beginnt die Pubertät bei Jungen etwas später als bei Mädchen. Meistens startet sie mit zwölf oder 13 Jahren. Und zwar dann, wenn du plötzlich einen enormen Wachstumsschub machst. Von da an wirst du dich schubweise weiterentwickeln. Mit 15 Jahren etwa beginnt deine Gesichtsbehaarung zu wachsen und du bekommst einen Flaum auf der Oberlippe. Dieser wird nämlich erst später zu harten Barthaaren. Am restlichen Körper wachsen im Anschluss ebenfalls vermehrt Haare. Und es entwickeln sich die Schweißdrüsen und ein männlicher Körpergeruch.

Ein weiterer Meilenstein auf dem Weg zum Erwachsenen ist der Stimmbruch. Das passiert, wenn Kehlkopf und Stimmbänder wachsen. Sie führen am Ende zu einer tieferen Stimme. Der Stimmbruch kann zwischendurch aus dem Gleichgewicht kommen. Dann fängt die Stimme an, unkontrolliert tief und dann plötzlich wieder hoch zu klingen.

Mit Beginn der Pubertät, werden in deinen Hoden Samenzellen gebildet. Du bekommst dann den ersten Samenerguss: Ab diesem Zeitpunkt bist du fruchtbar und könntest theoretisch Kinder zeugen. Bei einem Samenerguss, der auch Ejakulation genannt wird, kommt Samenflüssigkeit aus deinem Penis. Oft passiert das die ersten Male nachts, und du bemerkst es am nächsten Tag wegen eines nassen Flecks an deiner Hose.

Mit etwa 16 Jahren hast du bereits vieles hinter dir. Du bist dann aus dem Gröbsten heraus, wie man so schön sagt. Ein erwachsener Mann bist du mit ungefähr 18 bis 21 Jahren. Zu diesem Zeitpunkt sollten keine körperlichen Veränderungen mehr anstehen.

Wie du dir jetzt denken kannst, sind die ganzen körperlichen und geistigen Veränderungen, die passieren, ganz schön anstrengend für deinen Körper. Deshalb kann dieser manchmal in Stress geraten. Das zeigt sich dann in Hautunreinheiten, Pickeln oder schlechter Laune. Vielleicht hast du zwischendurch auch einfach weniger Energie oder bist müde. Denn der Körper arbeitet auf Hochtouren. Eine gute und gesunde Ernährung ist deshalb wichtig in dieser Zeit.

Ab wann beginnt die Pubertät bei dir?

Wann beginnt die Pubertät? Das ist von Junge zu Junge unterschiedlich. Durchschnittlich beginnt die Pubertät um das zwölfte Lebensjahr herum, während sie bei den Mädchen in deiner Klasse oft schon mit zehn Jahren beginnt. Du solltest dir aber keine Gedanken machen, wenn du siehst, dass andere Jungs bereits in der Pubertät sind und du noch nicht. Denn Entwicklungsphasen sind bei jedem Menschen individuell. Du kannst den Zeitpunkt nicht steuern oder beschleunigen. Es passiert, wenn es eben passiert. Solltest du also etwas später deine Entwicklung erleben, ist das kein Grund zur Sorge.

Ein erstes Anzeichen, dass es bei dir losgeht, ist zum einen dein körperlicher Umbau. Sprich, du wirst größer, schwerer und bekommst eine stämmigere und männlichere Körperform. Ein weiteres Zeichen für die beginnende Pubertät ist das Wachstum deiner Geschlechtsorgane, vor allem deiner Hoden. Zudem werden deine Körperhaare an den Armen, Beinen und der Brust dicker und dunkler. Erste Barthaare sprießen. Ein weiteres Anzeichen sind die Muskeln. Wusstest du, dass du bis Anfang 20 deine Muskel- und Knochenmasse verdoppelst? Aus diesem Grund bekommst du auch ein breiteres Kreuz.

Ist es schlimm, wenn ich mit 14 Jahren noch keine großen Veränderungen an mir wahrnehme? Viele Jungen bemerken gar nicht, dass sie schon in der Pubertät sind. Oft fangen bei Jungs zuerst Haare an Stellen zu wachsen an, wo zuvor keine waren. Doch das muss nicht immer so sein! Bei anderen Jungs kommt es zuerst innerlich zu Veränderungen, nämlich im Gehirn. Diese sind unsichtbar. Du merkst sie möglicherweise nur, weil du dich irgendwie anders fühlst und manchmal nicht weißt, was überhaupt los ist.

Erste Anzeichen für Veränderungen: Das alles passiert in deinem Körper

- Die ersten Anzeichen fallen bei jedem Jungen unterschiedlich aus. Bei manchen Jungen beginnt die Pubertät sehr früh, mit neun oder zehn Jahren. Bei anderen Jungen setzt die Pubertät erst mit zwölf oder 13 Jahren ein.

- Meistens beginnt die Pubertät mit dem Sprießen der ersten Haare an Armen und Beinen. Dann kommen die Achselhaare dran.

- Der Körper wird größer. Du bekommst mehr Muskeln.

- An der Oberlippe sprießen erste dunkle Barthaare, zuerst als weicher Flaum, später sind es dann Bartstoppeln.

- Die Geschlechtsorgane fangen an zu wachsen, der Penis und die Hoden werden größer.

- Ein deutliches Anzeichen für die Pubertät ist der Stimmbruch. Die Stimme wird kratzig und im Anschluss tiefer und männlicher.

- Auch emotional passiert viel. Jungs, die in der Pubertät stecken, sind oft ohne Grund launisch, wütend und traurig.

-- -- -- -- -- -- -- -- -- -- -- -- --

Jungen machen in der Pubertät, vor allem zu Beginn, einen enormen Schub. Dir kann man in dieser Zeit förmlich beim Wachsen zusehen. Das ist deiner männlichen Hormonproduktion zu verdanken. Sie bringt dein Körperwachstum in Gang. Um das zwölfte Lebensjahr herum wächst du deshalb plötzlich rasch nach oben. Du reifst zum Mann heran und dein Körper verbreitert sich. Für dein Wachstum sind die Hormone Somatotropin (STH) und Insulin-like growth factor 1 (IGF-1) zuständig. Diese Namen musst du dir nicht merken. Aber jetzt weißt du, welche Stoffe für deine Körpergröße verantwortlich sind.

Welche körperliche oder geistige Veränderung zuerst bei dir einsetzt, lässt sich nicht voraussagen. Oft tritt eine Veränderung unverhofft ein. Mach dir keine Sorgen, mit dir ist alles in Ordnung. Weder kannst du den Zeitpunkt bestimmen, noch entscheiden, was als Erstes wachsen und reifen soll. Meistens entwickeln sich mehrere Prozesse gleichzeitig. Bartwuchs, Haare an den Beinen, ein größerer Penis, Haut- und Körperveränderungen, das alles ist für den Körper anstrengend. Deshalb wird emotional viel bei dir los sein. Aber nicht alles ist anstrengend. Dich erwarten viele Abenteuer und wahrscheinlich verliebst du dich auch zum ersten Mal.

WACHSEN OHNE ENDE: Jungen wachsen in der Pubertät über sich hinaus. Zwischen deinem zwölften und 15. Lebensjahr wirst du bis zu zehn Zentimeter pro Jahr in die Höhe schießen. Dieses schnelle Wachstum führt dazu, dass deine Kleider und Schuhe plötzlich nicht mehr passen. Bei manchen Jungs kann das schnelle Wachsen zu einer starken Dehnung der Haut führen. Sie haben deshalb vorübergehend Dehnungsstreifen, wie sie auch bei Schwangeren auftreten können.

Ist die Pubertät bei Jungen und Mädchen gleich? Jungen und Mädchen durchlaufen in der Pubertät ähnliche Phasen. Auch Mädchen wachsen in die Höhe und ihr Körper verändert sich. Sie bekommen Brüste, ihre Figur wird rundlicher und weiblicher und irgendwann haben sie ihre erste Menstruation. Mädchen entwickeln sich in der Regel früher und schneller als Jungs. Zudem sind bei Mädchen andere Hormone für das Körperwachstum verantwortlich. Während bei den Jungs Testosteron für viele Prozesse zuständig ist, erhöht sich bei Mädchen die Östrogenproduktion.

Keine Panik: So gehst du mit pubertären Veränderungen um

Wenn du in die Pubertät kommst, erkennen dich deine Eltern vielleicht nicht wieder. Du bist plötzlich wild, aufmüpfig, rebellisch und dann wieder antriebslos, lustlos und hast schlechte Laune. Über Gefühle und Probleme kannst und willst du nicht reden. Darüber hinaus spürst du all diese Veränderungen in dir, weißt aber nicht, wie du mit ihnen umgehen sollst.

Zuerst ist es wichtig, dass du die Veränderungen akzeptierst und so nimmst, wie sie kommen. Denn dein Körper geht seinen ganz eigenen Weg. Das Beste, was du machen kannst, ist, dich nicht unter Druck zu setzen. Außerdem bist du nicht der einzige Junge, dem es so geht. Deine Klassenkameraden und Freunde gehen durch die gleiche Phase wie du. Dir muss die Pubertät nicht peinlich sein. Und Angst musst du ebenfalls nicht haben. Am Anfang fühlst du dich womöglich seltsam, aber sieh es positiv: Du bist auf dem Weg, ein Mann zu werden. Natürlich bedeutet das nicht, dass du nicht auch mal schlecht drauf sein darfst oder dich unwohl fühlst. Das gehört zur Pubertät dazu. Schließlich begibst du dich auf neues Terrain oder gehst durch Prozesse hindurch, die sich nicht verhindern lassen. Keinem gefällt es, keine Kontrolle zu haben. Das löst bei jedem Menschen Verunsicherung aus. Du musst nur wissen, wie du mit all dem am besten umgehen kannst. Dieses Buch hilft dir dabei. Wenn du weißt, was in deinem Körper passiert, verstehst du die Pubertät besser. Das nimmt dir Ängste und Zweifel.

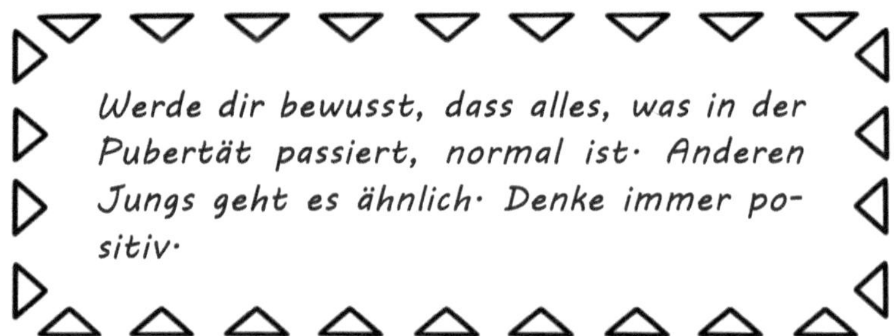

Auf diese Weise kommst du viel leichter durch die Pubertät. Denke nicht nur an das Schlechte, wenn du morgens aufstehst. Sage dir, dass alles, was gerade passiert, normal ist. Selbst die krächzende Stimme am Morgen. Mit dem Erwachsenwerden gehen nun einmal viele körperliche und psychische Veränderungen einher. Vielleicht hilft es dir, wenn du in dieser Zeit jemanden findest, der ein offenes Ohr für deine Probleme hat. Das können deine Freunde oder ein Familienmitglied sein.

Wenn du dich anfangs fremd in deinem Körper fühlst, ist das normal. Mach dir keine Sorgen, wenn du plötzlich zickig oder emotional wirst. Denn Jungs können in der Pubertät genau wie Mädchen zickig werden. Manche Jungs mutieren sogar zu einem vor Testosteron strotzenden Macho. Aber keine Angst, das ist Teil des natürlichen Prozesses. Habe Verständnis für dich und dein Gefühlschaos. Sicher, wenn der Rüpel rauskommt, ist das für andere nicht immer schön. Doch dein Inneres ist auf der Suche nach seiner Identität. Du musst all das durchleben, um herauszufinden, wer du als erwachsener Mann sein willst. Vielleicht gehörst du auch zu den Jungs, die sich am liebsten zurückziehen und ihre Ruhe haben wollen. Auch das ist völlig in Ordnung.

Du entwickelst deine Identität als Mann und formst deinen Charakter. Du wirst in den nächsten Jahren zu einer selbstständigen Persönlichkeit mit vielen Träumen, Wünschen und Bedürfnissen heranwachsen.

Komische Gefühle: Alles kribbelt, dann bin ich plötzlich traurig, wütend oder genervt!

Wer bin ich? Das Chaos in deinem Kopf und all die verwirrenden Gefühle bestimmen dein Leben in der Pubertät. Manchmal bist du deswegen total durcheinander. In dem einen Moment möchtest du lachen und bist überglücklich, im anderen plötzlich traurig und von allem genervt. Der Stress, den dein Körper aufgrund der körperlichen Veränderungen erlebt, ist für den Geist anstrengend. Das geht sprichwörtlich auf die Nerven.

In der Pubertät kommen deshalb viele Gefühle auf, die du nicht immer sofort einordnen kannst. Du verstehst nicht, warum du auf einmal weinen musst. Sprüche wie „Indianer kennen keinen Schmerz" oder „Jungs weinen nicht" helfen dir da nicht weiter. Außerdem sollten diese Sätze heute nicht mehr gesagt werden. Früher wurden sie verwendet, um Jungs zu harten Männern zu erziehen. Doch heute darf jeder seine Gefühle zeigen und frei äußern. Zudem ist es für deine Entwicklung wichtig, dass du alle Gefühle offen zeigen und durchleben kannst. Diese sind nämlich nicht typisch weiblich oder männlich. Sie gehören zum Leben dazu. Jeder Mensch, egal welchen Geschlechts, hat sie: Angst, Wut, Trauer, Ekel, Freude, Scham. Lass dir von deinen Freunden oder Eltern nicht einreden, dass du keine Gefühle haben sollst. Auch, wenn dich die Emotionen in der Pubertät manchmal überwältigen.

Vielleicht hilft es dir, wenn du ein Gefühlstagebuch führst und alles aufschreibst, was dir passiert und wie du dich fühlst. Damit kannst du lernen, deine Gefühle zu verstehen und ganz wichtig: ernst zu nehmen! Denn du hast ein Recht auf sie und musst sie nicht herunterschlucken.

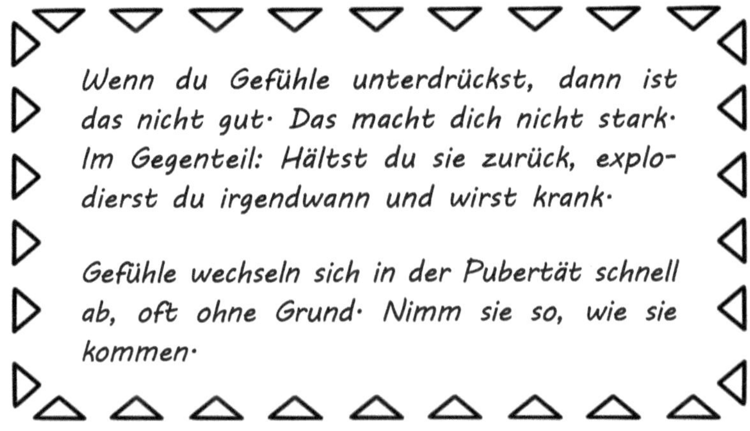

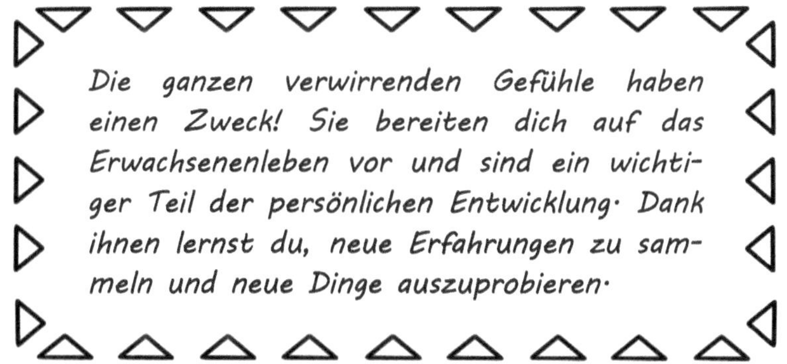

Dass du dich in diesem Zusammenhang vielleicht manchmal einsam oder unverstanden (vor allem von den Eltern) fühlst, ist normal. Übrigens, deine erhöhte Reizbarkeit und plötzlich aufkommende Wut haben damit zu tun, dass sich in der Pubertät dein Gehirn verändert und neu sortiert. Du kannst also nichts für deine Launenhaftigkeit.

Was tun, wenn ich aggressiv bin? Zeig Verständnis für dich: Gefühlsausbrüche sind bei Jungen während der Pubertät völlig normal. Lass dich nicht von anderen provozieren. Mach dir bewusst, dass die Hormone bei dir gerade verrücktspielen und viel Schuld an deinem Verhalten tragen. Wenn du dich nach einem Streit zurückziehen willst oder einen Freiraum brauchst, solltest du dir das genehmigen. Dadurch entspannst du dich nach einer Streitsituationen deutlich schneller.

Die Hormone spielen verrückt? Der Ausdruck dürfte aus der Pubertät stammen, denn genau das passiert bei dir im Körper. Die Hormone spielen verrückt und signalisieren deinem Körper an allen Ecken und Enden: Wachse und verändere dich! Das Hormonchaos bringt natürlich auch geistige Veränderungen mit sich. Plötzlich bist du kein Kind mehr, aber auch noch nicht erwachsen. Was dir vorher Spaß gemacht hat, findest du jetzt blöd oder ist dir peinlich. Und plötzlich passieren dir unbekannte, fremde Dinge. Dank der Hormone fühlst du auf einmal ein großes Kribbeln im Körper. Das hast du so noch nicht gefühlt. Dir wird heiß, du bist freudig erregt, manchmal wahnsinnig aufgeregt. Das passiert möglicherweise, weil du ein Mädchen gesehen hast, das du magst. Die Hormone produzieren also nicht nur Chaos, sondern auch wunderschöne Glücksgefühle, die du nicht mehr loswerden willst.

Das Gehirn gleicht während der Pubertät einer großen Baustelle

In der Pubertät befindet sich dein Gehirn im Umbau. Viele alte Nervenverbindungen werden zerstört und neue Verbindungen erstellt, damit du eine „Informations-Autobahn" im Kopf ausbauen kannst. Sprich, dein Gehirn sortiert sich komplett neu und bereitet sich auf das Erwachsenenleben vor. Es wird leistungsfähiger und schneller. Außerdem sorgt der Umbau dafür, dass du in Zukunft vernünftiger und überlegter handeln kannst. So schön das klingt, während der gesamten Pubertät finden die Umbaumaßnahmen auf Hochtouren statt. Sie dauern sogar am längsten von allen Veränderungen. Zum Teil leitet dein Gehirn Entscheidungen um, sodass du sie aus dem Bauch heraus steuerst. Das sorgt dafür, dass du wegen jeder Kleinigkeit explodierst oder plötzlich Kicks brauchst und verrückte Dinge tust. Du fühlst dich mutiger und bist bereit, Risiken einzugehen.

- Dein Gehirn nimmt während der Pubertät Erlebnisse und Gefühle verschieden wahr. Zum Teil fühlst oder empfindest du diese nicht mehr so stark wie in der Kindheit. So traust du dir in der Pubertät Dinge zu, vor denen du als Kind Angst hattest. Wie zum Beispiel ein Sprung vom Drei-Meter-Brett.

- Manchmal sorgt die Baustelle im Gehirn dafür, dass du Lust hast, dich zurückzuziehen, oder dich überfordert fühlst. Die vielen Veränderungen sind einfach komisch und seltsam. Manchmal sind sie auch ein bisschen schwierig durchzustehen. Es ist wie ein Niemandsland, durch das du dich bewegst.

Das Motto lautet: Stimmungsschwankungen, Aggressionen, Wut und Traurigkeit sind Nebenwirkungen der Hormonumstellung und des Umbaus in deinem Gehirn. Ärgere dich nicht übermäßig darüber.

Ich fühle mich wie ein Werwolf und mag mich nicht! Was kannst du tun, wenn du dir selbst nicht gefällst? Hast du Angst, für dein Aussehen verspottet oder wegen deines Stimmbruchs ausgelacht zu werden? Machen dir die Pickel zu schaffen? Wenn dir dein

Aussehen sehr wichtig ist und du in der Pubertät nicht damit zufrieden bist, kann das zu negativen Emotionen führen. Diese wiederum können unter anderem ein gestörtes Essverhalten auslösen. Du solltest dir klarmachen, dass deine Veränderungen altersbedingt sind und nicht dauerhaft. Stelle am besten keine zu hohen Ansprüche an dein Aussehen und sei zufrieden mit deinem Körper. Sonst leidet auf Dauer dein Selbstbewusstsein. Auch wenn du dich manchmal wie ein Werwolf fühlst, nimm deine Selbstzweifel nicht zu ernst. Pickel und Akne gehen irgendwann wieder weg, dein Stimmbruch wird in ein paar Monaten zu einer schönen, tiefen Stimme führen. Wenn du dich trotzdem ab und zu mies fühlst, dann rede mit jemandem, dem du vertraust. Liebevolle Gespräche mit deinen Freunden, Eltern oder Geschwistern tun gut und helfen dir, wieder besser drauf zu sein.

Wer ist meine Vertrauensperson?

Menschen um dich herum brauchen ab und zu deine Hilfe. Und genauso kannst auch du nicht immer alles alleine meistern. Suche dir deshalb Unterstützer in der Pubertät. Erstens fühlst du dich dann weniger alleine. Zweitens können diese Personen eine echte Hilfe sein. Sie halten zu dir und stehen dir mit Rat und Tat zur Seite. Ihnen kannst du dich in allen Lebenslagen anvertrauen. Seien es deine Eltern oder Großeltern, deine Geschwister, deine Tante oder ein Freund oder eine Freundin. Egal, wo du hinsiehst, es gibt sie! Die Unterstützer, die dir zeigen, dass du nicht allein bist. Glaub bitte nicht, dass du sie stören würdest. Gehe den leichten Weg, und bitte um Hilfe und Rat. Sicher ist es nicht immer leicht, alle Emotionen, die in dir brodeln, in Worte zu fassen. Wenn dir aber jemand zuhört, wirken viele Dinge nicht mehr so bedrohlich.

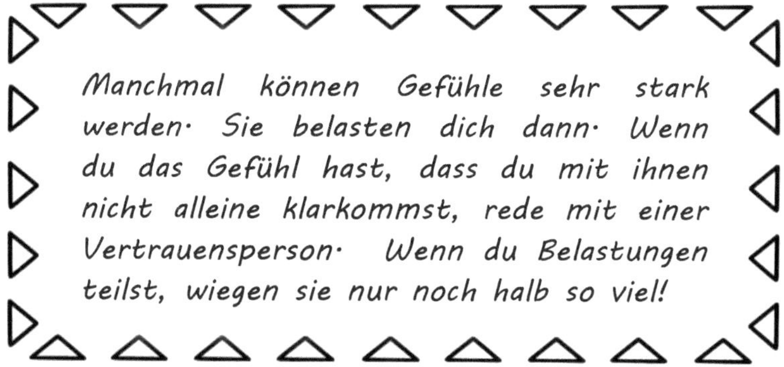

Übe dich in Gesprächen mit deinen Freunden. Zwar wird Jungs nachgesagt, dass sie Probleme mit sich selbst ausmachen und nicht darüber reden, aber ihr steckt alle gemeinsam in einer Phase eures Lebens, wo sich alles verändert und neu für euch ist. Da tut es gut, wenn ihr eure Erfahrungen und Erlebnisse miteinander austauscht. Das macht euch stärker und kräftigt zudem das Vertrauen zwischen euch. Statt euch zu vergraben, wenn es euch schlecht geht, sprecht offen miteinander. Probiere es mal aus. Auch, wenn du glaubst, deine Freunde wollen nicht reden, ist meistens genau das Gegenteil der Fall. Nur trauen sie sich möglicherweise nicht, mit dir über ihre eigenen Gefühle und Gedanken zu sprechen.

Gerade niemand zum Reden verfügbar? Du kannst dir auch selbst helfen

Wenn keine Vertrauensperson zur Hand ist, kannst du Techniken nutzen, die dir helfen, wieder positiv zu sein. Deine Gedanken und Gefühle lassen sich zwar nicht einfach so abstellen, aber du kannst sie abschwächen oder in etwas anderes umwandeln. Rituale, so klein sie auch sein mögen, können dir in vielen Situationen, vor allem aber in traurigen Momenten helfen. Sie geben dir Sicherheit. Was kann das sein? Zum Beispiel kannst du jeden Tag kleine Gewohnheiten in deinen Alltag einbauen und etwas machen, dass dir guttut. Eine Auszeit, um deinen Gedanken freien Lauf zu lassen, in der Smartphone, MP3-Player oder die Uhr tabu sind, reinigt deine Seele und tut deinem Wohlbefinden gut. Zur Beruhigung und zum Abbauen schlechter Gefühle eignen sich auch Sport oder Kampfsportarten wie Judo. Mit ihnen lernst du, achtsam zu werden und richtig zu atmen. Denn Stress und negative Energie lassen sich wegatmen. Beruhigende Musik wirkt der negativen Gedankenspirale entgegen. All diese Optionen helfen dir, dich wieder entspannter und besser zu fühlen. Diese Techniken geben dir zudem Sicherheit.

Körperveränderungen
ich werde ein Mann

Kleines Pubertätslexikon:

Samenerguss = Ejakulation; so wird die Flüssigkeit bezeichnet, die während des Orgasmus aus dem Penis herausschießt.
Adamsapfel = der äußere Teil des Kehlkopfes, der am Hals sichtbar ist, wird Adamsapfel genannt. Er sorgt unter anderem dafür, dass deine Stimme tiefer wird.
Stimmbruch = körperliche Veränderung und Entwicklung von Kehlkopf und Stimmbändern, die zu einer männlichen Stimme führen.
Testosteron = männliches Geschlechtshormon, das sich hauptsächlich in den Hoden bildet und für dein Wachstum und die Entwicklung deines männlichen Aussehens verantwortlich ist.
Akne = Hautkrankheit, bei der sich viele Pusteln und Pickel bilden.

Bisher hast du einen groben Überblick erhalten, welche körperlichen Veränderungen bei dir in der Pubertät anstehen. In diesem Kapitel gehen wir nun ins Detail. Im Anschluss daran solltest du über alle Vorgänge in der Pubertät gut Bescheid wissen.

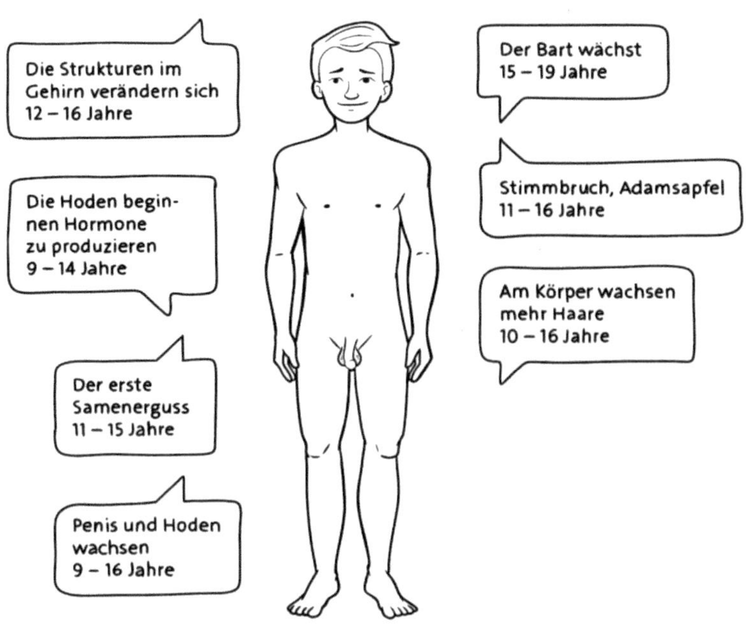

Wie du in dem Bild siehst, verändern sich bei Jungen in der Pubertät gleich mehrere Dinge. Im Gehirn bilden sich neue Strukturen. Am ganzen Körper fangen Haare an zu sprießen. Vor allem wachsen diese an Armen und Beinen. Gleichzeitig entwickeln sich die Geschlechtsorgane und Penis und Hoden wachsen. Die Hoden produzieren Hormone. Es kommt zum ersten Samenerguss. Du gehst durch den Stimmbruch. Dein Bart wächst. Dein Körper verwandelt sich zudem in seiner Form. Deine Schultern und dein Rücken werden breiter, du wirst insgesamt größer. Vom Jungen verwandelst du dich so nach und nach in einen jungen Mann.

Wenn die ersten Haare sprießen! Ich sehe aus wie ein Bär ...

In der Pubertät beginnen überall am Körper Haare zu sprießen. Am Anfang wird dir das möglicherweise nicht gefallen. Denn die Haare wachsen nicht nur im Gesicht, sondern auch an Armen, Beinen, auf der Brust und am Rücken. Das sorgt nicht bei jedem Jungen für Glücksgefühle. Auch im Intimbereich, sprich rund um den Penis herum, setzt die Behaarung ein. Sie kann auch farblich ganz anders aussehen als deine Haarfarbe. Wenn du blond bist, können deine Haare an Armen und Beinen dennoch dunkel oder sogar schwarz sein. Trotz der ganzen Haare wirst du nicht zum Bären mutieren. Du musst keine Angst haben. Außerdem ist dein Körper bereits von Geburt an überall mit feinen Härchen übersät. Diese haben zudem eine wichtige Funktion. Dazu gleich mehr!

Unsere Körperbehaarung erfüllt ihren Zweck. An Stellen, wo sich Schweißdrüsen befinden, regeln die Haare die Temperatur an der Oberfläche. Der Schweiß fließt dank ihnen leichter ab. An empfindlichen Körperstellen wie dem Intimbereich oder auch an Nase und Ohren haben Körperhaare eine schützende Funktion und halten Bakterien, Staub und Schmutz davon ab, in den Körper zu gelangen. Auf der Brust sind die Haare dafür da, die Sensibilität bei Berührungen zu erhöhen. Zudem schützen dich Körperhaare generell vor Kälte oder UV-Strahlung durch die Sonne.

Wie, wo und wann? Haarwachstum beginnt mit etwa zehn Jahren

Die Körperbehaarung beginnt bei Jungs mit etwa neun oder zehn Jahren. Meistens entdeckst du die ersten Haare am Intimbereich.

Diese Haare nennen sich Schamhaare. Sie wachsen um den Hodensack und die Peniswurzel herum. Von dort aus erstrecken sie sich in gerader Linie oder in Form eines Trapezes nach oben bis zu deinem Bauchnabel. Bei einigen Jungs wächst die Schambehaarung auch im Pobereich.

Die Haare unter den Achseln wachsen normalerweise ab dem 13. Lebensjahr. Sie werden durch die vermehrte Hormonproduktion zum Wachsen angeregt. Der Haarwuchs kann zu Schweißgeruch unter den Achseln führen. Wenn die Haare zu sprießen beginnen, solltest du dich öfter waschen und frische Kleidung tragen. Du kannst auch ein Deo verwenden. Allerdings solltest du hier kein parfümiertes Deo verwenden.

Der Bart wächst bei den meisten Jungs recht spät in der Pubertät. In der Regel fängt er ab dem 13. bis 15. Lebensjahr an, sich zu entwickeln. Zuerst wirst du einen zarten Flaum auf der Oberlippe bekommen. Erst später werden die Barthaare kräftiger. Du kannst sie rasieren. Sie werden dadurch weder schneller noch dichter wachsen.

- Das Wachstum der Körperhaare an Armen, Beinen, der Oberlippe und im Intimbereich ist den Geschlechtshormonen zu verdanken. Sie nennen sich Androgene. Zu ihnen zählt auch Testosteron. Dieses Hormon wird im Hoden produziert und sorgt dafür, dass Körperhaare kräftiger werden und an bestimmten Stellen sprießen.

- Wann, wie und wo zuerst die Körperhaare wachsen, ist bei jedem Jungen anders.

- Die Körperhaare in der Pubertät werden lockig, kräftiger und dunkler. Sie werden als Terminalhaare bezeichnet. Das aber nur am Rande.

Ab wann sollte ich mich rasieren?

Rasieren will gelernt sein. Und wenn bei dir die ersten Barthaare sprießen, stehst du vor der Frage: Soll ich rasieren? Und wie funktioniert Rasieren überhaupt? Auch musst du dir überlegen, ob du einen Elektrorasierer verwenden willst oder den Bart mit einem Handrasierer stutzt. Ohne Zweifel, Barthaare können einen mit Stolz und Freude erfüllen. Du hast das Gefühl, zu einem erwachsenen Mann zu werden. Aber bei einigen Jungs sorgen die Barthaare auch für Scham und Unsicherheit. Zumal die Haare am Anfang ja noch nicht wie Barthaare aussehen, sondern flaumartig sind. Und, so schön es auch wäre: Barthaare wachsen in der Pubertät nicht gleichmäßig, sondern stellenweise. Das sieht dann mitunter recht lustig aus. Tun kannst du dagegen nichts. Nach der Pubertät wird dein Bart in der Regel gleichmäßig wachsen.

Ob du dich rasierst oder nicht, ist deine Entscheidung. Wenn dein Bart aber stark wächst, ist es durchaus sinnvoll, ihn zu stutzen. Vielleicht willst du den Bart auch rasieren, weil du dir damit besser gefällst. Deine erste Rasur wird jedenfalls ein aufregendes Ereignis sein. Am besten ist es, wenn du deinen Papa um Hilfe bittest. Dieser kann dir in einem Vater-Sohn-Gespräch alles über die Rasur erzählen, dir nützliche Tipps geben und dir zeigen, wie es am besten geht. Sicher hat deine Mama ebenfalls Ahnung vom Rasieren. Sie kann dir also ebenso behilflich sein.

Trocken-/Nassrasierer oder Elektrorasierer?

Trockenrasierer eignen sich für alle, die empfindliche Haut haben. Sie sind zudem das optimale Einsteigergerät. Denn mit ihnen kannst du dich nicht so leicht schneiden. Solltest du aber einen stärkeren Bartwuchs haben, hält die Rasur mit dem Trockenrasierer nur etwa einen Tag. Denn mit diesem Gerät können die Barthaare nur oberflächlich abgeschnitten werden.

Bei der **Nassrasur** wird dein Bart gründlicher geschnitten. Die Rasur hält mehrere Tage an. Allerdings brauchst du hier mehr Übung und kannst dich leichter schneiden. Wenn du empfindliche Haut hast, ist die Nassrasur überhaupt nicht geeignet. Sie führt zu Pickeln und Rötungen.

Elektrorasierer sind praktisch und einfach zu handhaben. Hier gibt es zwei verschiedene Modelle. Einen Folienrasierer und einen Rotationsrasierer. Bei sensibler Gesichtshaut und Akne ist ein Folienrasierer das richtige Gerät. Probiere aber am besten verschiedene Rasierer aus. Manchmal dauert es ein bisschen, bis du den passenden Bartrasierer gefunden hast.

Egal, welchen Rasierer du auswählst, du solltest ganz besonders sorgfältig mit der Hautpflege sein. Lotionen und Cremes spenden Feuchtigkeit und sind reichhaltig. Es gibt zudem bestimmte Produkte, die sich bei empfindlicher und trockener Haut besonders gut eignen. Greife am besten stets zu einem Produkt ohne Alkohol und Parfüm. Alles andere reizt deine Haut zu sehr.

 **Wie kann ich Rasierpickel verhindern?** Neben einem ungleichmäßigen Bartwuchs haben viele Jungs in der Pubertät Akne oder bekommen Rasierpickel und Mitesser. Leidest du auch darunter, dann soll-

test du dich in diesem Fall trocken rasieren. Die Nassrasur reizt deine Haut sonst zu sehr und führt deshalb zu unreiner Haut und Rasierpickeln. Bitte ziehe nicht an deinen Barthaaren. Denn das irritiert deine Haarwurzeln. Sie können dadurch aufhören zu wachsen, was zu unschönen Lücken im Bart führen kann. Zur Vorbeugung von Pickeln und Mitessern, die nach dem Rasieren entstehen können, solltest du regelmäßig ein Peeling anwenden. Dieses entfernt überschüssigen Talg, überschüssiges Fett und abgestorbene Hautzellen und verhindert viele Entzündungen. Achte darauf, einen Rasierer mit scharfer Klinge zu benutzen. Sonst rupft der Rasierer und sorgt für Verletzungen und Hautunreinheiten.

Mein ganzer Körper wächst?

Dein Körper wächst während der Pubertät. Die Wachstumsphase dauert ungefähr drei bis vier Jahre. In dieser Zeit bekommst du breitere Schultern und deine Muskelmasse nimmt zu. Dein Becken bleibt – im Gegensatz zu dem von Mädchen – eher gleich. Du schießt zudem in die Höhe. Durch das enorme Wachstum kann es sein, dass deine Brüste etwas wachsen und sich ein leichter Brustansatz bildet. Das ist normal und am Ende der Pubertät verschwindet dieser wieder.

Ich fühle mich blöd, weil ich noch kindlich aussehe, was kann ich tun? Du kannst deine Entwicklung nicht steuern, so sehr du dir das auch wünschen würdest. Die Pubertät verläuft bei jedem Jungen individuell. Plage dich nicht mit Zweifeln, wenn Freunde von dir schon einen größeren Penis haben oder männlicher aussehen. Sie sind einfach nur etwas früher dran. Du entwickelst dich ganz normal und selbst, wenn du mit 14 Jahren noch keine männliche Figur hast, ist das nicht schlimm. Ärztlichen Rat solltest du erst einholen, wenn bis zum 15. Lebensjahr absolut keine Entwicklung stattgefunden hat. Wenn du darunter leidest, nicht so weit zu sein wie deine Freunde, und dich unwohl in deiner Haut fühlst, ist das verständlich. Denn die meisten in deinem Alter vergleichen sich miteinander. Aber weißt du was: Die Jungs, die sich extrem früh entwickeln, fallen ebenfalls auf und fühlen sich auch oft unwohl in ihrer Haut. Sie wollen das Ganze am liebsten stoppen. Mache dir deshalb nicht so viele Gedanken. Du verpasst weder den Anschluss noch stimmt etwas mit dir nicht. Hast du dennoch ab und an Kummer, dann teile deine Sorgen mit anderen. Auch deine Eltern können dir eine gute Stütze sein. Sie mussten ja schließlich ebenfalls durch die Pubertät.

Mein Penis wächst! So sieht er später aus

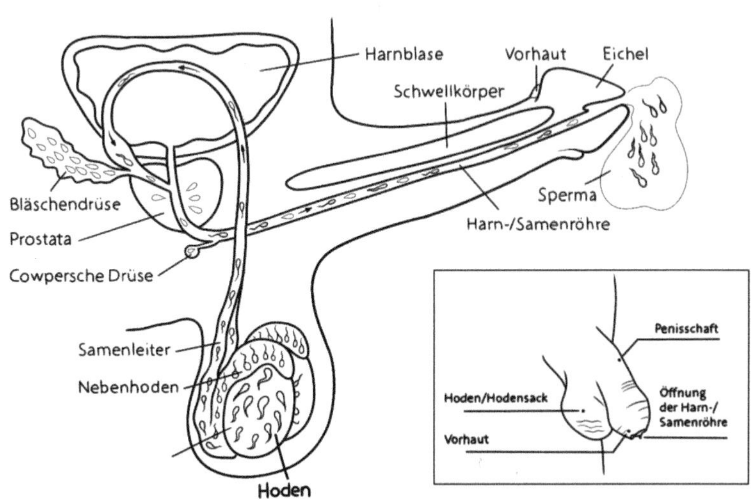

Wie du auf dem Bild erkennen kannst, hat jeder Junge zwei Hoden. Sie befinden sich im Hodensack. Das ist auch der Ort, wo die Spermien und männlichen Geschlechtshormone gebildet werden. In den Nebenhoden wird die Entwicklung der Spermien vollzogen und dort werden sie auch gelagert. Die Samenleiter sind dafür zuständig, die Spermien weiterzutransportieren.

Dein Penis besteht aus einer Harnröhre und drei Schwellkörpern. Die Schwellkörper – ja, das ist ein lustiger Name – sorgen dafür, dass du bei Erregung eine Erektion bekommst. Sie füllen sich dann mit Blut und schwellen an.

Und so entwickeln sich deine Geschlechtsorgane: Gleich zu Beginn der Pubertät werden durch die Entwicklungen im Gehirn deine Hoden dazu angeregt, vermehrt männliche Geschlechtshormone zu produzieren. Sie bringen das Wachstum deiner Geschlechtsorgane in Schwung. Sichtbar ist das zuerst an deinen Hoden. Sie vergrößern sich. Zudem verdunkelt sich dein Hodensack. Kurze Zeit später sprießen um den Penisansatz die ersten Schamhaare. In der Folge wird auch dein Penis länger und dicker. In deinem Körperinneren entwickeln sich zur gleichen Zeit die Geschlechtsdrüsen. Dazu zählen unter anderem die Prostata und die Cowperschen Drüsen. Diese wachsen und reifen heran. Sie sind für die Produktion von Sperma sowie für den Samenerguss wichtig. Denn sie statten deine Samen mit jeder Menge Hilfsmittel und Kraftnahrung für ihre anspruchsvolle Mission aus.

- Die Prostata wird auch als Vorsteherdrüse bezeichnet. Sie ist walnussförmig, hat die Größe eines Golfballs und befindet sich unterhalb deiner Harnblase. Dabei umschließt sie die Harnröhre. Die Hauptfunktion dieser Drüse besteht darin, Samenflüssigkeit zu produzieren, um die Spermien transportieren zu können.

- Die Cowperschen Drüsen sind erbsengroß. Sie liegen unterhalb deiner Prostata und leisten ebenfalls einen wichtigen Beitrag. Sie sorgen unter anderem für die Lusttropfen, die aus deinem Penis kommen, wenn du erregt bist. Sie spülen zudem den Kanal durch und produzieren Schleim, sodass dein Penis gleitfähiger ist und beim Geschlechtsverkehr leichter eindringen kann.

- Die paarigen Samendrüsen sind etwa fünf Zentimeter groß. Sie produzieren ein Sekret, das die Spermien mit Energie versorgt und sie vor einer schnellen Abtötung schützt, sobald sie in das weibliche Geschlechtsorgan gelangen.

Der erste Samenerguss wird als Ejakularche bezeichnet. Er kommt relativ früh in der Pubertät vor. Manche Jungs haben schon mit zehn Jahren ihren ersten Samenerguss. Aber in der Regel tritt er zwischen dem 11. und 16. Lebensjahr auf. Während bei Mädchen die erste Menstruation für Aufregung und Aufsehen sorgt, bleibt der erste Samenerguss bei Jungs eher unbemerkt. Oder besser gesagt, deine Familie registriert das kaum. Deshalb sind viele Jungs in deinem Alter auch nicht ausreichend darüber aufgeklärt und schämen sich für den ersten Samenerguss. Es trifft sie völlig unvorbereitet. Oft passiert das erste Mal im Schlaf. Einige Jungen erleben den ersten Samenerguss aber auch durch eine Selbstbefriedigung. So oder so, Jungs ist es meistens peinlich, wenn sie ihren ersten Samenerguss haben. Sie hoffen, dass die Mutter oder der Vater die feuchten Flecken auf der Bettwäsche oder im Schlafanzug nicht entdecken.

Du musst dich dafür nicht schämen, es muss dir auch nicht peinlich sein. Im Gegenteil, der erste Samenerguss sollte als schönes Erlebnis angesehen werden und dich nicht verunsichern oder ängstigen. Er ist eher ein Grund zum Feiern, denn nun hast du einen enormen Schritt in Richtung erwachsener Mann gemacht.

Aber, genau wie Mädchen, brauchst auch du Aufklärung und Gespräche. Vielleicht hilft es, wenn du mit deinem Vater offen über die Selbstbefriedigung und den Samenerguss sprichst und ihm Fragen stellst. Das kann viel von deiner Unsicherheit abbauen. Klar, es kostet Mut, den eigenen Vater anzusprechen. Aber du startest damit ein neues Vertrauensverhältnis und vielleicht ist das sogar der Startschuss für lebenslange, vertrauensvolle Vater-Sohn-Gespräche. Er wird dir in Ruhe erklären können, was es mit dieser Körperfunktion auf sich hat. Denke auch daran, dass der erste Samenerguss ein Reifezeichen ist! Du bist jetzt zeugungsfähig und geschlechtsreif. Sei stolz darauf. Natürlich musst du jetzt lernen, wie du damit verantwortungsvoll umgehst. Aber das ist ein anderes Kapitel, das wir weiter hinten im Buch, wenn es um das Thema Sexualität und Verhütung geht, beleuchten werden.

- Wusstest du, dass die Größe deines Penis sowie deine Körperhaltung bereits seit deiner Geburt feststehen? Jeder Penis unterscheidet sich in Form, Größe und Aussehen.

- Während eines Samenergusses spritzt Flüssigkeit aus deinem Penis, die rund 300 Millionen einzelne Spermien enthält. Diese sind mit bloßem Auge nicht zu erkennen, weil sie sehr klein sind.

Was ist ein feuchter Traum? Ein feuchter Traum, der medizinisch als Pollution bezeichnet wird, ist nichts anderes als ein nächtlicher Samenerguss, der unwillkürlich im Schlaf stattfindet, ohne dass du dich berührst. Manche Jungen werden davon wach, andere schlafen einfach weiter und erinnern sich nicht daran. Wie kommt es aber zu einem feuchten Traum? Nun, in der Pubertät fängst du an, dich mit Sex und Liebe zu beschäftigen und entwickelst erste Fantasien. Oder dich erregt etwas. Manchmal schleichen sich diese Themen einfach in deine Träume. Dein Körper reagiert dann, ohne dass du es merkst, genauso wie im Wachzustand. Dein Puls steigt, deine Atmung wird schneller, dein Penis wird steif und richtet sich auf. Und es kommt zum Orgasmus – der einen Samenerguss zur Folge hat! Trotzdem ist der Name „feuchter Traum" irreführend. Denn dein nächtlicher Samenerguss hat nicht immer etwas mit erotischen Träumen, Erregung oder einer Fantasie zu tun. Es kann genauso passieren, dass der nächtliche Samenerguss passiert, weil der Körper überschüssiges Sperma ausstößt. Wann erlebst du das erste Mal einen feuchten Traum? In der Regel taucht dieser schon recht früh in der Pubertät auf. Und zwar, wenn deine Geschlechtsorgane anfangen zu wachsen und die Hoden erste Spermien produzieren. Ein Samenerguss im feuchten Traum ist jedenfalls kein Zeichen für eine Krankheit, sondern im Gegenteil ein Zeichen, dass der Körper perfekt funktioniert.

Hilfe, ich habe Akne! Lästige Pickel und Mitesser in der Pubertät

In der Pubertät leiden viele Jungs und Mädchen unter Pickeln und Mitessern. Manche bekommen sogar Akne. Vielleicht hast du Freunde, die darunter leiden. Oder du bist selbst davon betroffen. Die Pubertätsakne taucht ganz plötzlich aus heiterem Himmel auf. Sie überfällt Gesicht und Oberkörper. Also den Bereich, wo die meisten Talgdrüsen sitzen. Sie kommt bei fast allen Jungs und Mädchen im jugendlichen Alter vor. Nur wenige schaffen es ohne Pickel und Mitesser durch die Pubertät. Du bist also nicht alleine damit.

Erste Anzeichen der Akne zeichnen sich bei Jungs schon im Alter zwischen zehn und zwölf Jahren ab. Der Zeitpunkt, wann die fiesen Dinger auftauchen, ist aber bei jedem unterschiedlich. So lästig, eklig und unangenehm diese sind, etwas Positives gibt es zu berichten: Die Akne geht irgendwann genauso schnell wieder weg, wie sie gekommen ist. Und damit auch der ganze Spuk.

Warum tauchen Pickel, Akne und Mitesser überhaupt auf? Es ist kein Zufall, dass viele Jugendliche in der Pubertät unter Akne und fiesen Pickeln leiden. Das hat mit den ganzen Hormonen zu tun, die auf Hochtouren arbeiten und zum Teil auch Körperfunktionen verstärken, die gar nicht verstärkt werden müssten. Und zu dieser erhöhen Produktion gehört der Talg. Dieser wird über die Haut und Haare nach außen abgetragen und sorgt im Normalfall für nicht mehr als fettige Haut und Haare. Wenn dein Körper aber zu viel davon produziert, verstopfen die Talgdrüsen und der Talg kann nicht mehr richtig über die Haut nach außen gelangen. Pickel sind also nichts anderes als verstopfte Talgdrüsen, die sich entzündet haben. Jungen sind von Akne leider häufiger betroffen als Mädchen. Das liegt daran, dass die Fett- und Talgproduktion durch männliche Geschlechtshormone stärker stimuliert wird. Leider sind sie keine schöne Sache. Aber es ist immer ein Trost, zu wissen, dass du nicht alleine bist.

Wenn dir jemand weismachen will, dass die Pickel, Mitesser oder Akne mit Unreinheit zu tun haben, stimmt das nicht! Du kannst dich so viel waschen, wie du willst. Die Dinger verschwinden nicht. Im Gegenteil. Durch zu viel Seife kannst du dein Hautbild noch verschlimmern. Auch fettige Speisen, wenig Schlaf, Stress oder zu wenig frische Luft verschlimmern die Akne. Bei etwa 30 Prozent der betroffenen Jugendlichen kann sie sogar Narben hinterlassen.

Kann man Akne behandeln? Jede Form der Akne lässt sich medizinisch behandeln, verbessern und langfristig auch heilen. Wenn du schlimm davon betroffen bist, sollten deine Eltern mit dir zum Kinderarzt oder Hautarzt gehen. Sie können dir eine passende Aknebehandlung verschreiben. Meist heilt die Akne um das 20. Lebensjahr völlig aus.

- - - - - - - - - - - - - - - -

- Etwa 60 Prozent der Jungs in deinem Alter leiden unter harmloser, leichter Akne. Sie haben auch nur kurz über ein bis zwei Jahre damit zu kämpfen. Rund 40 Prozent haben schlimmere Akne.

- - - - - - - - - - - - - - - -

Wie du weißt, ist die Akne nicht schön anzusehen. Und das kann mitunter ganz schön belasten. Vor allem, wenn deine Freunde nicht darunter leiden oder dich hänseln. Das stellt dein Selbstbewusstsein auf die Probe. Viele Jungs fühlen sich dann ausgegrenzt oder leiden unter Depressionen und einem geringen Selbstwertgefühl.

Klar, Pickel hat jeder von uns mal. Aber bei starker Akne leiden auch deine Psyche und Stimmung. Und du fühlst dich mies, eklig und depressiv. Wenn du deutlich mehr Pickel hast als andere und nicht nur dein Gesicht, sondern möglicherweise auch andere Stellen deines Körpers mit Akne übersät sind, ist es verständlich, wenn du dich am liebsten verkriechen möchtest. Auch, wenn es sich um eine Hautkrankheit handelt, hilft dieser Fakt wenig gegen die Verzweiflung, die in dir aufkommt. Du leidest unter deinem Aussehen. Mit deiner ersten Liebe in Kontakt zu treten, kommt deshalb für dich nicht infrage. Du fühlst dich gehemmt, hässlich und das Selbstbewusstsein ist im Keller. Um dich herum siehst du Werbung mit makellosen Menschen und deine Freunde posten coole Selfies in den sozialen Medien. Einige deiner Klassenkameraden mobben dich vielleicht oder sagen ungewollt Dinge, die dich noch mehr runterziehen.

Ich sehe aus wie ein Streuselkuchen! Mir ist zum Heulen zumute! Was kann ich tun? Zuerst solltest du dir klarmachen, dass das Bild, das du von dir selbst hast, viel schlimmer ist, als es nach außen hin wirkt. Sprich, andere Leute sehen die Pickel in deinem Gesicht als gar nicht so schlimm und extrem an. Zudem solltest du ärztlichen Rat einholen. Er kann dir Salben und Tabletten verschreiben, die deine Haut besser werden lassen. Manche Medikamente haben zwar Nebenwirkungen, doch sie helfen dir ungemein. Denke daran: Je früher du mit einer medizinischen Behandlung beginnst, desto besser sind die Ergebnisse. Nutze auch ruhig getönte Cremes und Abdeckstifte. Sie können stark auffällige Pickel und Mitesser überdecken. Diese Produkte sollten dir aber ärztlich verschrieben werden, denn herkömmliches Make-up verstopft die Poren nur noch mehr. Ansonsten gilt, dich nicht stressen zu lassen. Die Akne geht wieder weg. Und auf dem Weg dorthin kannst du dir und deiner Seele Gutes tun: Und zwar, indem du dich gesund ernährst, Sport treibst und allgemein einen gesunden Lebensstil an den Tag legst. Damit bekommst du wieder Kontrolle über die Haut zurück. Zu guter Letzt – und das ist der schwerste Schritt: Verstecke dich nicht hinter deiner Akne. Das macht dich eher unglücklich als glücklich. Besprich deine Gefühle mit deinen Freunden und deiner Familie. Bitte um ärztliche Ratschläge oder suche dir therapeutische Hilfe.

Was tun gegen normale Pubertäts-Pickel? Deine Kampfansage!

Du musst nicht unbedingt an Akne leiden, aber um den einen oder anderen hässlichen Pickel kommst du leider nicht herum. Dann heißt es nur, diese unerwünschten Biester schnell wieder loszuwerden. Jetzt möchtest du sicher wissen, was du tun kannst?

Mit mangelnder Hygiene haben diese fiesen Dinger nichts zu tun. Es liegt also nicht daran, dass du dich zu wenig wäschst. Denn, wie du gelernt hast, hängen die Pubertätspickel mit deinen Hormonen zusammen, die deine Drüsen zu viel Talg produzieren lassen. Um die fiesen Mitesser in den Griff zu bekommen, ist es ratsam, wenn du dich nicht zu viel wäschst und Seifen ohne Parfüm verwendest. Am besten sind pH-neutrale Seifen. Sie halten dein Gesicht sauber und sorgen dafür, dass deine Poren nicht noch mehr verstopfen. Zudem solltest du das Ausdrücken von Pickeln unbedingt vermeiden! Noch immer glauben viele, dass dies die effektivste Methode ist. Aber genau das Gegenteil ist der Fall. Wenn du die Pickel zu sehr quetschst und drückst, presst du den entzündungsverursachenden Talg wieder zurück ins Gewebe und verstopfst die Hautporen so noch mehr. Zudem bilden sich hässliche Narben im Gesicht, wenn du zu stark ausdrückst.

Besser ist es, dein Gesicht in die Sonne zu halten. Denn Sonnenlicht tut deiner Haut gut und verbessert das Hautbild. Auch Peelings helfen. Sie entfernen alte Hautschüppchen und sorgen dafür, dass der Talg leichter aus den Poren fließen kann. Ein kurzes Dampfbad mit Ringelblumen oder Kamille erweicht die Haut und öffnet deine Poren ebenfalls. Keine Wirkung zeigen dagegen Quark und Zahnpasta. Diese trocknen deine Haut stark aus oder reizen sie, sodass sich die Mitesser und Pusteln verschlimmern.

Teebaumöl dagegen kann, wenn du es stark verdünnt mit Wasser anwendest, Entzündungen hemmen. Was die Ernährung anbelangt, hat sich Vitamin-A-haltiges Gemüse und Obst als nützlich erwiesen. Tees, die dein Blut reinigen (Brennnesseltee, Schachtelhalmtee, Kamillentee), können ebenfalls Linderung verschaffen und vorbeugend wirken! Weniger gut sind milchhaltige Produkte. Iss also nicht zu viel Käse, Joghurt, Sahne oder Milch. Wenn du Milchprodukte liebst, kannst du deine Eltern bitten, dir eine pflanzliche Alternative zu besorgen. Mandel- oder Getreidemilch schmeckt im Müsli genauso gut.

Mir tut alles weh! Wachstumsschmerzen

In der Pubertät wächst dein Körper überall und zwar bis ins späte Teenageralter hinein. Erst Anfang 20 bist du vollständig ausgewachsen. Die Geschwindigkeit, mit der das Wachstum auftritt, ist bei jedem Jungen anders. Und auch die Schmerzen, die damit einhergehen. Manche spüren gar nichts. Andere wiederum klagen über Wachstumsschmerzen. Diese treten vor allem in den ersten Jahren der Pubertät auf.

Woran erkennst du, dass du unter ihnen leidest? Wenn du ziehende, stechende oder brennende Schmerzen in den Beinen, Schienbeinen, Knien, Oberschenkeln, im Kopf, Bauch oder der Brust verspürst, dann hast du wahrscheinlich mit Wachstumsschmerzen zu kämpfen. Diese treten meistens am späten Nachmittag oder abends auf. Es kann auch sein, dass du wegen ihnen nachts aufwachst. Tagsüber sind die Schmerzen oft wie weggeblasen. Manchmal treten die Schmerzen nur ein paar Minuten auf, manchmal mehrere Stunden.

Was kannst du gegen Wachstumsschmerzen tun? Es hilft, wenn du die betroffenen Stellen, die schmerzen, sanft massierst und dich regelmäßig dehnst. Nachts kannst du die schmerzenden Stellen mit einer Wärmflasche oder einem Kirschkernkissen wärmen und vor dem Schlafengehen ein warmes Bad nehmen. Da dein Körper durch das vermehrte Wachstum viel Magnesium braucht, solltest du auch mehr Magnesium zu dir nehmen. Entweder in Form von Tabletten oder durch magnesiumhaltige Lebensmittel wie Nüsse, Samen, Kerne und grünes Gemüse.

Ist es normal, dass der Körper wehtut? Ja. In der Pubertät kann es zu Wachstumsschmerzen kommen. Die Schmerzen treten meistens an Beinen, Knien und Oberschenkeln und abends oder nachts auf. Dein Körper verändert sich in der Pubertät sehr schnell. Die verschiedenen Körperstellen wachsen auch in unterschiedlichem Tempo. Wenn du zwischendurch etwas linkisch bist, ist das normal. Auch kann dein Körpergewicht vorübergehend schwanken.

Das ist mir alles peinlich!

Es ist zwar aufregend, dass sich dein Körper verändert und männlicher wird, aber irgendwie ist auch alles etwas peinlich. Und vor allem möchtest du dich zu Hause nicht mehr nackt vor deinen Eltern zeigen. Diese sollen nicht mehr einfach so in dein Zimmer platzen. Du hast plötzlich ein großes Bedürfnis nach Privatsphäre. All diese Gefühle sind Teil der Pubertät und es ist völlig in Ordnung, dass dir jetzt vieles peinlich ist. Und wenn du dich abgrenzen musst oder zurückziehen willst, darfst du das tun. Du gehst in der Pubertät durch eine Phase, in der du dich nicht nur körperlich entwickelst. Deine geistige Entwicklung ist jetzt ebenfalls in vollem Gange.

Du wirst jeden Tag selbstständiger und beginnst, deine Identität zu formen. Deine Wahrnehmung verändert sich, du willst erwachsen werden. So wie dir geht es allen Jungs in deinem Alter. Sie schlagen sich genau wie du die Hände vor den Kopf und verdrehen die Augen, wenn ihre Eltern etwas Peinliches gemacht oder gesagt haben. Du willst einfach nicht mehr mit ihnen gleichgesetzt werden. Lieber willst du dich von ihnen lösen und eigene Wege gehen. Und weißt du was: Das gehört zum Erwachsenwerden dazu. Du hast jetzt eine Meinung und hinterfragst vieles.

Sprich ruhig mit deinen Eltern über deine Gefühle und Gedanken. Teile ihnen liebevoll mit, was dir unangenehm und peinlich ist. Du darfst sie auch bitten, bestimmte Dinge zu lassen. Wenn du vor deinen Freunden nicht mehr von deiner Mutter zum Abschied geküsst werden willst, kannst du das mitteilen. Wenn sie keine Bemerkungen mehr über dich machen oder unangekündigt ins Bad platzen sollen, darfst du ihnen das ebenfalls sagen. Hilfreich ist es auch, deine Gefühle in einem Tagebuch festzuhalten.

Verständnis für deine Eltern und Toleranz

Bei all den Veränderungen solltest du Verständnis für deine Eltern haben und ihnen gegenüber tolerant sein. Sie müssen erst lernen, dass du erwachsen wirst. Deine Wünsche sind zwar nachvollziehbar und verständlich, aber wenn plötzlich all die Kindheitsrituale wegfallen, kann das deine Eltern traurig stimmen. Deshalb bemuttern und verhätscheln sie dich oft einfach weiter. Teile ihnen ruhig mit, dass du erwachsen werden willst und deine eigenen Erfahrungen sammeln möchtest. Manchmal kann es deine Eltern verletzen, wenn du ehrlich mit ihnen bist. Aber nur so könnt ihr gemeinsam durch die Pubertät gehen und voneinander lernen. Vielleicht hilft es auch, wenn du deine Eltern nach ihrer Jugendzeit fragst und danach, was sie damals alles peinlich fanden. Sie werden dann merken, dass sie vieles – genau wie du jetzt – peinlich fanden.

Für deine Eltern bedeutet eine zunehmende Unabhängigkeit einen Liebesverlust. Du brauchst sie immer weniger und wirst immer selbstständiger. Das ist ein Verlust, den sie erst einmal akzeptieren müssen. Vielleicht kannst du deine Eltern verstehen, wenn sie zwischendurch nicht wissen, wie sie mit dir umgehen sollen oder mal nicht ganz so gelassen reagieren.

Was ist Cringe? Du kennst den Begriff zwar schon, aber du weißt nicht genau, was gemeint ist? 2020 landete das Wort auf Platz Zwei bei der Wahl des Jugendworts des Jahres. Gemeint ist damit nichts anderes als Fremdschämen. Das kommt in der Pubertät häufig vor. Sicher hast du dich schon für Fehltritte, Aussehen oder Verhalten deiner Eltern geschämt oder dich über ihr Benehmen lustig gemacht und dann Schadenfreude gespürt. Fremdschämen fühlt sich aber auch so an, als würdest du selbst bloßgestellt werden. Du schämst dich für andere in Grund und Boden. Du hoffst dann insgeheim, dass fremde Menschen dich nicht mit ihnen vergleichen.

Die beste Ernährung in der Pubertät: Ja, auch Chips darfst du essen

Mit Beginn der Pubertät beginnt die Zeit der Brüche, der Loslösung und der Widersprüche. Deshalb verändert sich auch das Essverhalten. Denn das gemeinsame Essen steht für Zusammenhalt in der Familie. Doch das demonstriert dir jetzt die Abhängigkeit von deinen Eltern. Du verweigerst deshalb nur allzu gerne den Moment des gemeinsamen Essens. Es ist für dich ein weiterer Weg, das eigene Leben zu entdecken. Grundsätzlich ist die Pubertät eine aufregende Zeit. Also isst du auch nur, wenn du nichts Wichtigeres zu tun hast. Viel lieber hängst du jetzt mit deinen Freunden ab. Das ist viel cooler als das schon tausendmal erlebte familiäre Abendessen. Wenn du mal Hunger hast, dann isst du eben einfach drauflos. Nährwerte, Tageszeit und gesunde Ernährung spielen für dich als Teenager keine große Rolle. Die Argumente deiner Eltern interessieren dich nicht oder nur wenig. Es gibt aber auch Jungs in deinem Alter, die sehr wählerisch sind, was Essen angeht. Der Wunsch nach gutem Aussehen beschäftigt sie und führt dazu, dass sie sich genau überlegen, wie viel und was sie essen. Vielleicht machen sie die körperlichen Veränderungen unglücklich, sodass sie mit übertriebenen Diäten darauf reagieren. Wenn du in der Pubertät mit deinem Aussehen nicht zufrieden bist und plötzlich anfängst, eine Diät zu machen, solltest du vorsichtig sein und dir am besten professionelle Hilfe holen. Denn dein Körper braucht viel Energie und er verändert sich zudem noch. Die Pubertät definiert dein Aussehen nicht! Und Diäten schaden dir nur.

Ich bin ein kleiner Nimmersatt

Kennst du das? Du hast ständig Hunger? In der Schule reichen die zwei Brote und der Apfel nicht aus. Du kaufst dir was beim Bäcker, um deinen morgendlichen Hunger zu stillen. Am besten was Süßes. Das Mittagessen verschlingst du förmlich, und nur ein paar Stunden später meldet sich der Appetit zurück. Abends wird dann noch einmal warm gegessen. Das ist ganz normal. Der Kalorienbedarf in der Pubertät erhöht sich, da dein Körper eine umfassende Entwicklung durchmacht und zudem stark wächst. Für diese ganzen Veränderungen braucht der Körper zusätzliche Energie. Zum Teil liegt dein täglicher Kalorienbedarf bei bis zu 2.900 Kalorien. Das ist enorm viel. Und wenn du zudem noch sportlich aktiv bist oder dich körperlich viel bewegst, brauchst du möglicherweise noch mehr Energie. Du darfst deshalb gerne Chips, Burger und Süßes essen. Nur sollten diese Speisen nicht zu deiner Nahrungsgrundlage werden. Denn dein Körper braucht jetzt viele Vitamine, Mineralstoffe und Nährstoffe, die vor allem in Obst und Gemüse stecken. Auch, wenn dir mehr der Sinn nach Süßem und Salzigem ist, zu viel davon zu essen, gefährdet deine Gesundheit.

Was kannst du tun? Du musst dich nicht zwingen, komplett von Schokolade, Chips und Gummibärchen abzulassen, aber wie wäre es, wenn deine Eltern dir leckere Mahlzeiten kochen würden, die du gerne isst? Überlege, was du gerne magst, und erstelle gemeinsam mit deinen Eltern einen Wochenplan. Wenn du eine ausgewogene Mahlzeit pro Tag zu dir nimmst, tust du bereits viel für deine Gesundheit. Außerdem sorgt eine ausgewogene Speise für weniger Heißhunger auf Fettiges und Süßes. Vielleicht macht es dir Spaß, zusammen mit deinen Eltern zu kochen oder für sie zu kochen?

Was gehört zu einer ausgewogenen Ernährung dazu? Dazu gehört immer ein ungesüßtes Getränk wie Wasser oder Tee, Gemüse/Salat oder Früchte sowie ein Eiweißprodukt und Stärke. Stärke ist in Brot, Kartoffeln, Reis, Nudeln, Mais und Müsli enthalten. Eiweiß steckt in Eiern, Milchprodukten, Quark, Tofu und Fleisch/Wurst. Das Dortmunder Forschungsinstitut, das sich viel mit Kinderernährung beschäftigt, rät dazu, in der Pubertät reichlich kalorienfreie oder kalorienarme Getränke und viele pflanzliche Lebensmittel wie Gemüse, Obst, Getreideerzeugnisse und Kartoffeln zu verzehren. Auch Milch, Milchprodukte und Eier sind wichtig. Bei Fleisch, Wurst und Lebensmitteln mit viel Zucker und Fett solltest du sparsam sein.

Pausenbrote, die gesund sind, enthalten einen Müsli- oder Früchteriegel, Obst, Brot oder Knäckebrot sowie Nüsse, Samen und rohes Gemüse (ein Stück Karotte, Gurke oder Ähnliches).

— — — — — — — — — — — — — —

- In der Pubertät ist es sinnvoll, wenn du dich, so gut es geht, gesund ernährst. Auch, wenn dir das jetzt nicht wichtig erscheint. Doch die Sprüche von der Oma: „Kind, du musst mehr Vitamine essen, damit du groß und stark wirst", sind schon richtig. Du musst deswegen nicht auf Chips, Burger & Co. verzichten. Achte einfach ein wenig darauf, was du so den ganzen Tag isst und trinkst.

- So lecker Cola, Limo, Spezi und andere süße Getränke sind – diese enthalten Unmengen an Zucker. Zum Teil stecken da über 60 Würfelzucker drin. Das ist nicht gesund und macht auf Dauer dick. Auch können zuckerhaltige Getränke zu chronischen Krankheiten führen, die du dein ganzes Leben lang hast. Cola & Co. sollten also nicht übermäßig und den ganzen Tag über getrunken werden.

- Wenn du Wasser langweilig findest und kein reines Wasser magst, kannst du es mit Früchten versüßen. Tue einfach ein paar frische Beeren oder etwas ausgepresste Zitrone hinein. Du wirst sehen, das schmeckt total gut.

- Bei gesunder Ernährung geht es nicht darum, dass du dich zwingst, jeden Tag nur das zu essen, was gut für dich ist. Es geht vielmehr darum, dass du dich ein bisschen mit Ernährung beschäftigst und darauf achtest, gute und gesunde Lebensmittel zu essen.

- Iss nicht aus Langeweile. Wenn dir langweilig ist, öffnest du vielleicht den Kühlschrank oder das Naschfach. Mal sehen, was ich da finde, denkst du dir. Aber diese Angewohnheit ist nicht unbedingt gesund. Achte darauf, dass du dich mit etwas anderem beschäftigst, wenn dir langweilig ist. Außerdem sollten zwischen deinen Mahlzeiten etwa vier Stunden liegen. Nur so kann dein Körper das Essen optimal verarbeiten und verdauen. Nutze die Zeit des Mittag- und Abendessens, um dich satt zu essen. So entsteht bei Langeweile erst gar nicht die Lust, etwas aus dem Kühlschrank oder Naschfach zu stibitzen. Damit du zwischendurch weniger Hunger hast, hilft es, dich beim Essen in Ruhe hinzusetzen und das Essen langsam zu verspeisen. Genieße diesen Moment. Am besten in Gesellschaft deiner Familie. Wenn du das Essen hinunterschlingst oder vor dem Fernseher oder Laptop isst, merkst du nicht, ob du schon satt bist, und isst mehr, also du eigentlich benötigst. Das kann auf Dauer dazu führen, dass du an Gewicht zunimmst.

Wichtige Mineralstoffe in der Pubertät: Kalzium, Eisen und Zink sind Nährstoffe, die du für dein Wachstum benötigst. Der Kalziumbedarf ist in der Pubertät besonders hoch, da sich deine Muskeln und Knochen noch weiter aufbauen und du noch weiter wächst. Die meisten Mineralstoffe sind in Milch und Milchprodukten, Fleisch und Fisch, Bohnen, Wirsing, Spinat, Brokkoli und Obst enthalten.

Stimmbruch

alles, was du darüber wisssen musst

In der Pubertät verändert sich bei Jungen die Stimme. Sie fährt dabei plötzlich Achterbahn. Genannt wird das Phänomen, bei dem die Stimme mal hoch, mal tief klingt, Stimmbruch. Wie lange der Stimmbruch dauert, ist von Junge zu Junge unterschiedlich. Eines ist jedenfalls klar: Er kündigt sich nicht an. Plötzlich ist er da. Gerade noch war deine Stimme kindlich und klar. Jetzt bricht bei jedem Satz deine Stimme weg. Alles, was du sagst, quietscht und krächzt irgendwie. Du hast das Gefühl, dass deine Wörter eine Oktave höher enden und du bei manchen Buchstaben unkontrolliert ganz tief sprichst. Sich daran zu gewöhnen, ist nicht leicht. Plötzlich hast du Lust, zum stillen Beobachter zu werden, anstatt mit hochrotem Kopf und seltsamer Stimme zu sprechen. Wie dir geht es vielen Jungs. Ihnen ist der Stimmbruch richtig peinlich. Und wenn dann noch die Mitschülerinnen kichern oder der Musikunterricht zum Desaster wird, möchtest du am liebsten im Boden versinken.

Wann muss ich mit dem Stimmbruch rechnen? Und wieso passiert das überhaupt?

Wann der Stimmbruch auftaucht, lässt sich nicht genau sagen. Bei den meisten Jungs fängt er zwischen dem 11. und 16. Lebensjahr an. Verantwortlich dafür sind unter anderem die Hormone, allen voran Testosteron. Es sorgt dafür, dass der Kehlkopf und der Hals wachsen und sich vergrößern. Dadurch können sich die Stimmbänder besser ausdehnen, was wiederum für eine tiefere Stimme sorgt. Deine Stimme wird männlicher und bekommt mehr Bass.

Was passiert aber genau während des Stimmbruchs? Während deiner Kindheit klang deine Stimme hell und war ähnlich wie die eines Mädchens. Doch jetzt in der Pubertät wachsen deine Stimmbänder, Stimmlippen und dein Kehlkopf. Die Stimmbänder wachsen rund einen Zentimeter. Wie bereits erklärt, erfolgt das

Wachstum aber nicht in gleicher Geschwindigkeit. So dehnt sich ein Stimmband schneller aus als das andere. Dadurch klingt deine Stimme zwischendurch so schief und verzerrt. Die Töne wollen nicht richtig herauskommen. Ein weiterer Grund für deine schiefe Stimme sind die Muskeln in deinem Kehlkopf. Diese müssen nämlich mitwachsen und sich anpassen. Jetzt fragst du dich sicher, wie lange der Stimmbruch dauert?

Der Stimmbruch dauert nicht so lange, wie du vermutest. Oft ist der Spuk nach ein paar Monaten vorbei. Bei vielen Jungs ist der Stimmbruch nach einem halben Jahr überstanden. Es kann sich zwar bis zu einem Jahr hinziehen, bis deine männliche Stimme gefestigt ist, doch ist deine Stimmlage dann schon recht stabil.

Ich schäme mich für den Stimmbruch, was kann ich tun? Wenn du dich für deinen Stimmbruch schämst, dich nicht mehr traust, vor anderen zu sprechen, oder ständig Ausreden suchst, um nicht aufzufallen, dann werden dich die folgenden Fakten sicherlich aufheitern: Jeder Junge ist davon betroffen und es ist schneller vorbei, als du denkst. Deine Stimme wird nicht für immer schwach, piepsig und schräg klingen. Wie erwähnt, ist das Gröbste nach einem halben Jahr vorbei. Zwar braucht es einige Zeit länger, bis deine männliche Stimme vollkommen ausgereift ist, doch das Schlimmste ist in wenigen Monaten durchgestanden. Statt dich zu schämen, solltest du dich für den Stimmbruch freuen. Denn er ist ein untrügerisches Zeichen dafür, dass du jetzt zu einem Mann wirst. Du gehörst ab sofort nicht mehr zu den kleinen Jungen. Und bald können das auch alle hören! Stimmbruch hin oder her, du musst dich nicht für deine Entwicklung zum Mann schämen. Frag mal deinen Vater nach seinen Erinnerungen.

Wusstest du, dass auch Mädchen einen Stimmbruch bekommen? Nicht bloß du und alle anderen Jungen bekommen einen Stimmbruch. Mädchen haben diesen ebenfalls. Denn auch bei ihnen verändert sich die Stimme. Allerdings ist der Stimmbruch bei Mädchen nicht ganz so offensichtlich wie bei Jungs. Denn auch, wenn der Körper eines Mädchens Testosteron produziert, so ist das Hormon nicht so stark wie bei Jungs. Und deshalb wachsen und dehnen sich die Stimmbänder nicht so extrem. Aber auch die Stimme von Mädchen sinkt und wird etwas tiefer. Der Mechanismus ist genau der gleiche wie bei Jungs. Nur, dass der männliche Stimmbruch deutlicher erkennbar ist.

Verändert sich meine Stimme nach der Pubertät noch weiter? Ja. Auch nach der Pubertät verändert sich deine Stimme möglicherweise noch weiter. Aber es kommt zu keinem Stimmbruch mehr. Irgendwann passiert es, dass sie schwächer wird und nicht mehr so kräftig klingt. Das passiert, wenn du schon recht alt bist. Denn deine Muskeln an den Stimmbändern und Stimmlippen verlieren an Kraft und Volumen. Was deinen Kehlkopf betrifft, so verändert sich dieser nach der Pubertät ebenfalls weiter in seiner Größe. Du kannst dann, wenn dein Körper vermehrt Testosteron produziert, eine noch tiefere Stimme bekommen.

Mädchen und deren Welt

In diesem Kapitel wollen wir dich in die Welt der Mädchen entführen und dir erzählen, was sie in der Pubertät erleben. Im Grunde genommen unterscheidet sich die Entwicklung von Mädchen nur wenig von der deinen. Auch Mädchen beginnen, sich körperlich zu verändern. Bei ihnen wachsen die Geschlechtsteile genau wie bei dir. Und auch bei ihnen sind die Hormone für die vielen Veränderungen zuständig. Nur, dass es sich hierbei um weibliche Sexualhormone wie Östrogen handelt. Mädchen bekommen zudem irgendwann ihre Tage, auch Menstruation oder Periode genannt. Sie bluten dann einmal im Monat. Das ist ein Zeichen, dass sie fruchtbar geworden und in der Lage sind, Kinder zu bekommen. Die weibliche Pubertät beginnt etwas früher als bei Jungs und startet zwischen dem 9. und 11. Lebensjahr.

Auch Mädchen sind während der Pubertät sensibler und reizbarer. Sie distanzieren sich genau wie du von ihren Eltern und bringen ihre Persönlichkeit stärker zum Ausdruck. Wie du leiden Mädchen in deinem Alter unter Pickel und Akne. Ihre kindliche Figur wird rundlicher und weiblicher, die Brüste wachsen. Die Hüften und das Becken werden breiter. Auch sprießen bei ihnen Schamhaare, Achselhaare und Beinhaare.

Geschlechtsorgane wachsen bei Mädchen wie bei Jungen. Bei den Mädchen verdoppelt sich die Länge der Scheide und die Scheidenwand wird dicker. So wird der weibliche Körper auf eine mögliche Schwangerschaft vorbereitet. Die Brüste reifen heran und werden größer. Wenn die Menstruation beginnt, leiden viele Mädchen unter Schmerzen und Beschwerden.

Gefühlschaos bei Mädchen

Die ganzen Veränderungen im Körper können auch bei Mädchen schon einmal verwirren und zu Unsicherheiten und Gefühlschaos führen. Wenn deine Klassenkameradinnen sich also mal elend fühlen oder rumzicken, dann ist das normal. Du solltest sie nicht verspotten oder auslachen. Denn ihnen macht ihr verändertes Erscheinungsbild zu schaffen. Sie sind meistens von starken Selbstzweifeln geplagt und haben Angst, abgelehnt zu werden. Die Ängste und Selbstzweifel sind oft noch stärker als bei Jungen. Zeige dich ihnen gegenüber respektvoll und mache sie nicht mit gemeinen oder typischen Aussagen wie „So wie du aussiehst, wirst du nie einen Freund finden" nieder.

Genau wie du sind Mädchen in deinem Alter vor die Herausforderung gestellt, sich neu zu definieren. Sie müssen eine passende Identität finden. Eigene Weltanschauungen, Zukunftsperspektiven und der Ausbau von Freundschaften gehören zu den zentralen Themen bei Mädchen. Sie vergleichen sich deshalb oft miteinander oder orientieren sich an Stars und Prominenten. Zudem probieren sie sich kleidertechnisch aus und unternehmen erste Schminkversuche. Und: Jungs werden für sie zunehmend wichtiger.

Vielleicht fällt es dir schwer, dich gegenüber Mädchen in deinem Alter zu öffnen. Möglicherweise hast du Hemmungen. Doch mach dir keine Sorgen. Das ist in der Pubertät etwas völlig Normales. Denn emotional tut sich jetzt viel bei dir. Unsicherheiten sind also keine Seltenheit. Die Angst, vor den Mädchen blöd dazustehen oder Fehler zu machen, ist meistens groß. Und möglicherweise willst du deine Unsicherheit nicht zeigen. Sprich ruhig mit deinen Freunden darüber. Auch deine Geschwister können dir Tipps geben, wie du mit Mädchen richtig reden kannst. Nur eins solltest du nicht tun: Beschimpfen und wütend werden. Du solltest auch niemanden schlagen, treten oder anderweitig wehtun.

Wenn du hier Rat brauchst, können deinen Eltern dir möglicherweise gute Ratgeber sein.

Natürlich sollte dich niemand für dein Schamgefühl belächeln oder sich über dich lustig machen, auch wenn mit deinen Freunden und Freundinnen ein tolles Verhältnis besteht. Sprich mit ihnen darüber, wenn du dich unfair behandelt fühlst.

Wenn du dich einmal im Gespräch unwohl fühlst, versuche zu erklären, warum du nicht weiter mit ihnen sprechen willst. Und entschuldige dich ruhig. Fehler gegenüber Mädchen – und natürlich generell – zuzugeben, ist eine starke Eigenschaft!

Mädchen in deinem Alter sind in der Regel recht schlagfertig. Sie werden dir sagen, wenn du ihnen richtig auf die Nerven gehst oder sie dein Verhalten unmöglich finden.

Warum finden Mädchen plötzlich Boy Bands und Stars so toll? Du hast vielleicht ein paar Freundinnen, die plötzlich nicht mehr spielen wollen, sondern lieber den ganzen Tag von einem Schwarm träumen und sich Poster von Stars und Bands ins Zimmer hängen. Der Grund für den plötzlichen Sinneswandel sind neue Verbindungen im Gehirn. Wie auch bei Jungs verändern sich bei Mädchen die Gehirnstrukturen. Und durch neue Vernetzungen, vor allem in den

Bereichen, die für Emotionen verantwortlich sind, treten plötzlich neue Dinge und Interessen in den Vordergrund. Viele Mädchen in deinem Alter ziehen sich deshalb gerne stundenlang zurück und beschäftigen sich viel mit sich selbst. Sie sind oft gestresst und haben deshalb häufig Stimmungsschwankungen. Wie bei dir ist auch ihr Gehirn eine einzige Baustelle.

Hallo!
Liebe, Sex und alles, was dazugehört

Kleines Pubertätslexikon:

Onanie = Selbstbefriedigung, die im
Höhepunkt endet
Erektion = steifer Penis
(wird auch z. B. Ständer genannt)
Geschlechtsverkehr = Sex
Orgasmus = Höhepunkt bei Mann und
Frau, der in Vibrationen und einem
angenehmen, warmen Gefühl endet.
Bei Männern kommt es zudem
gleichzeitig zum Samenerguss.
Petting = Vorspiel, bei dem du dich
mit der Partnerin an intimen
Stellen berührst und ihr euch auch
oral befriedigt:
Es ist aber kein Sex.
Oralsex = Befriedigung mit dem Mund und/
oder der Zunge
Urologe = Männerarzt

In der Pubertät wächst du zu einem jungen Mann heran. Du veränderst dich in vieler Hinsicht und beginnst, die Lust am eigenen Körper zu entdecken. Fast alle Jungs machen in dieser Zeit erste Erfahrungen mit der Selbstbefriedigung. Wahrscheinlich beschäftigst du dich jetzt mehr mit Mädchen. Irgendwann kommt es zum ersten Kuss und später dann zu anderen Zärtlichkeiten und schließlich zu Sex. In diesem Zusammenhang fragen sich viele Jungs automatisch: Ist mein Penis zu klein? Bin ich gut genug? Dabei sind diese Fragen beim Thema Sexualität zweitrangig. Es kommt auf andere Dinge an als auf die Größe deines Geschlechtsteils, auch wenn das einige behaupten. Die Penisgröße sagt nichts darüber aus, ob du ein guter Liebhaber bist oder nicht. Ein kleiner Penis kann sogar aus vielen Gründen vorteilhafter sein als ein großer. Zudem ist die Scheide eines Mädchens nur zwischen acht und zehn Zentimetern lang. Der Penis eines Jungen misst im steifen Zustand zwischen zehn und 19 Zentimetern. Selbst ein kleiner Penis ist somit immer noch groß genug für eine Scheide.

Fokussiere dich deshalb nicht auf diese Fragen, sondern auf echte Gefühle. Diese spielen in intimen Situationen eine viel entscheidendere Rolle. Sie sind es auch, die deine Lust steuern und für eine Erektion deines Penis sorgen. Natürlich spielen sexuelle Fantasien ebenfalls eine wichtige Rolle.

Selbstbefriedigung ist in Ordnung

Da du zu Beginn der Pubertät wahrscheinlich noch keinen Sex hast, bist du auf Selbstbefriedigung angewiesen. Die Onanie, wie Selbstbefriedigung auch genannt wird, ist Part deiner sexuellen Entwicklung und nichts Schlimmes. Vielleicht ist es dir peinlich, darüber nachzudenken oder darüber zu sprechen. Doch sie ist das Natürlichste auf der Welt. Zudem hilft sie dir, auf unbefangene Art und Weise deinen Körper und das, was dir Lust bereitet, kennenzulernen. Und wenn du weißt, was dir gefällt, kannst du mit deiner späteren Freundin ein erfülltes Intimleben haben.

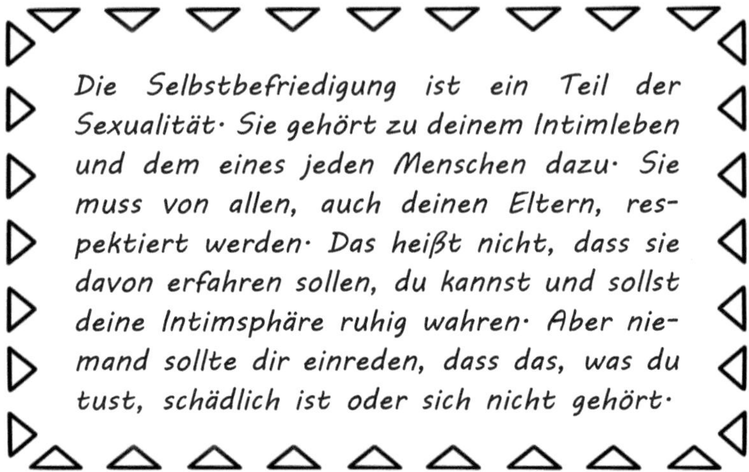

Die Selbstbefriedigung ist also nichts Verwerfliches. Es ist völlig normal, dass du dich selbst spüren und erkunden willst. Ab welchem Alter die Selbstbefriedigung normal ist, lässt sich nicht sagen. Das ist sehr unterschiedlich. Einige Jungs onanieren schon mit zehn Jahren. Andere fangen erst mit 15 Jahren an, ihre Lust zu entdecken. Wenn du es ausprobieren möchtest, dann tu es. Es ist spielt auch keine Rolle, wie oft du es machst. Denn mittlerweile weiß man, dass die Selbstbefriedigung keine Schäden hervorruft. Das ist eine Schreckensgeschichte, die früher häufig erzählt wurde, weil Selbstbefriedigung damals noch ein Tabuthema war.

Wenn du dich dennoch verunsichert fühlst und dich fragst, ob du zu oft masturbierst oder du damit deinen Penis verletzen kannst, dann findest du im Internet wie auf loveline.de (eine Aufklärungsseite für Jungen und Mädchen) weitere Informationen zu dem Thema. Denn vielleicht ist es dir unangenehm, mit deinem Vater oder deiner Mutter darüber zu sprechen.

Manchmal wird mein Penis einfach steif! Ist das normal? Das kann vorkommen und lässt sich nicht immer erklären. In manchen Situationen ist das total unangenehm und fühlt sich unpassend an. Aber dein Körper reagiert in der Pubertät auf vielfältige Weise. Denn dein Penis wächst und wird nicht nur länger, sondern auch sensibler. Ein Gedanke oder eine leichte Berührung an einer Stelle deines Körpers können schon ausreichen, um deinen Penis steif werden zu lassen. Genannt wird das Phänomen „spontane Erektion". Die kann sogar mehrmals täglich vorkommen. Manchmal sogar, wenn du nicht an Mädchen oder Sex gedacht hast. Der Grund für den ungewollten Ständer sind deine Hormone, die verrücktspielen. Was bedeutet das für dich? Du hast keinen Einfluss auf diese Körperreaktion. Wenn du willst, dass es niemand bemerkt, ziehst du am besten passende Klamotten an. Eine anliegende Unterhose (also keine Boxershorts), in der der Penis sich nicht nach vorne aufrichten kann, verhindert extreme Beulen in der Hose. Auch eine weite Jeans und lange Shirts oder Pullis verhindern bzw. tarnen die ungewollte Erektion. Im Schwimmbad kannst du eine enge Badehose unter der Shorts tragen. Und falls doch mal jemand mitbekommt, dass du einen steifen Penis hast, dann bleibe locker und sage einfach so etwas wie: „Der macht gerade, was er will." Wenn ein anderer Junge einen blöden Kommentar macht, musst du ihn nur daran erinnern, dass er auch darunter leidet. Frag ihn einfach herausfordernd: „Macht deiner das nicht?" Mit dem Ende der Pubertät kommen ungeplante Erektionen kaum mehr vor.

Ich bin verliebt! Was mache ich jetzt nur?

Wenn Jugendliche in deinem Alter verliebt und zusammen sind, zeigen sie das meistens offen in der Schule und in der Freizeit. Sie knutschen herum, halten Händchen, geben sich Küsschen und kuscheln miteinander. Wenn du sie fragst, sagen sie, dass sie miteinander gehen und sich süß finden. Wahrscheinlich sind die beiden zum ersten Mal verliebt.

Und dann hat es dich plötzlich auch erwischt! Du bist das erste Mal verliebt! Das ist das schönste und aufregendste Gefühl, das es gibt. Denn plötzlich kommen Gefühle, Empfindungen und ein unbekanntes Kribbeln in dir hoch, die du so noch nicht erlebt hast. Du weißt jetzt, was es bedeutet, wenn dir jemand sagt, dass er vor lauter Glück Schmetterlinge im Bauch hat. Das erste Mal verliebt zu sein, ist ein Gefühl, dass dich von heute auf morgen komplett verändert. Dein Glück ist dir buchstäblich im Gesicht abzulesen. Du denkst ständig an die Person, die du magst, und würdest am liebsten den ganzen Tag mit ihr verbringen. Deine Gedanken kreisen nur noch um die Liebe und die damit verbundene Lust, mit dieser Person zärtlich zu werden. Die Gefühle werden von Tag zu Tag stärker und drängender. Und plötzlich bist du verunsichert und wirst schüchtern.

Beim Kennenlernen und in der ersten Verliebtheitsphase sind viele Jungs schüchtern. Das ist normal. Keinem fällt es leicht, einem Menschen, den man gernhat, seine Gefühle zu zeigen. Denn es kann ja sein, dass du abgewiesen wirst. Schüchternheit ist also ein ganz normaler Prozess beim Verliebtsein. Lass dir Zeit und übereile nichts. Jeder Schritt, den du wagst, macht es dir jedes Mal ein Stück leichter. Setze dich auch nicht unter Druck. Viele Jungen haben das Gefühl, sie müssen, um cool zu sein, unbedingt eine Freundin haben. Dabei ist es in Ordnung, keine Beziehung zu haben. Und in der Liebe lässt sich nichts erzwingen, auch wenn du verliebt bist.

Hast du allerdings eine Person gefunden, der es genauso geht, steht die Welt still. Alles um dich herum verblasst. Du vertraust ihr unendlich. Das ist eine gute Basis für eine Beziehung. Grundlage aller Liebschaften sollte aber auch immer Respekt und faires Handeln sein. Du solltest niemandem das Gefühl geben, unterlegen zu sein.

Es kann einige Zeit vergehen, bis du mit der Person, in die du verliebt bist, erste intime Erfahrungen machst. Und es kommt auch nicht gleich zum Sex. Deine ersten körperlichen und intimen Erfahrungen beginnen beim Küssen, Streicheln und Liebkosen des anderen Körpers. Auch Petting kann zu wunderschönen, sexuellen Erfahrungen führen, ohne dass Sex, sprich Geschlechtsverkehr, involviert ist.

Oh nein, der erste Kuss

Es ist so weit, du magst jemanden und nun steht der erste Kuss an. Dieser ist fast genauso aufregend wie das erste Mal. Und hast du einmal geküsst, weißt du, dass Küssen eine der schönsten Sachen der Welt ist. Ein Kuss zeigt zudem ziemlich schnell, ob zwei Menschen zueinanderpassen oder ob sie lieber doch Freunde bleiben sollen. Wenn du noch nicht geküsst hast, dann ist eine Umarmung am Anfang gut, um sich der anderen Person anzunähern. Um die andere Person zu küssen, solltest du im Anschluss deinen Kopf ein wenig zur Seite neigen, damit die Nase des anderen nicht im Weg ist. Bist du Brillenträger, kann es hilfreich sein, wenn du die Brille abnimmst. Dann kommt es nicht zu Zusammenstößen. Ein Kuss kann ganz sanft sein oder wild und stürmisch. Das entscheidet sich meistens im Augenblick, wenn eure Lippen aufeinandertreffen.

Dennoch ist zuerst ein langsames und erkundendes Herantasten zu empfehlen. So spürst du, was dein Gegenüber mag und was nicht. Ansonsten bleib einfach locker und verkrampfe nicht. Wenn du mit Zunge küssen willst, öffne den Mund leicht und erkunde vorsichtig mit deiner Zunge die Lippen und den Mund der anderen Person. Wenn dein Gegenüber dich ebenfalls mit der Zunge küsst, dann kannst du beim Zungenkuss anfangen, mit der Zunge zu spielen. Zum Beispiel kannst du die Zunge des anderen leicht umkreisen, berühren, drücken oder necken. Mal sanft, mal leidenschaftlich, mal forsch, mal spielerisch. Was besonders gut ankommt: mit der Zunge langsam über die Lippen der anderen Person gleiten. Jeder Kuss ist einzigartig und jeder Mensch küsst anders, aber ihr beide werdet euch in wenigen Minuten eingeküsst haben.

Manchmal stoßen die Zähne beim Küssen aneinander oder du beißt aus Versehen dem anderen auf die Lippen. Das kann immer mal passieren. Lacht einfach kurz darüber und macht dann weiter. Ansonsten gilt: Seid einfach kreativ und probiert euch aus.

Erste sexuelle Erfahrungen sammeln: Petting – was ist das denn?

Petting ist etwas, das dich deiner Freundin sexuell näher bringt. Es ist nicht mit Geschlechtsverkehr zu verwechseln. Dennoch kannst du deine Partnerin im Intimbereich und an den Geschlechtsteilen berühren, küssen, streicheln und liebkosen oder deinen Finger einführen. Das Petting gibt euch die Möglichkeit, eure Körper ausführlich zu erkunden und kennenzulernen. So findet ihr heraus, was euch gefällt und was nicht. Die zärtliche und innige Zuwendung stärkt zudem das Vertrauen und löst Unsicherheiten und mögliche Ängste auf. Durch das Petting könnt ihr auch zum Orgasmus kommen.

Petting bedeutet, sich gegenseitig am ganzen Körper zu streicheln und zu liebkosen. Der Penis dringt dabei nicht in die Scheide ein. Ihr berührt euch nur an allen erogenen Zonen wie den Brüsten, dem Penis und der Scheide. Bei Mädchen ist zudem die Klitoris sehr empfindsam und erregbar. Sie verfügt über zahlreiche Nerven und beginnt oberhalb der Scheidenöffnung, wo die Schamlippen zusammenwachsen. Sie ist meistens rund bis oval und sieht aus wie eine kleine Eichel. Wenn du diesen Punkt zärtlich berührst und liebkost, kann ein Mädchen zum Orgasmus kommen. Auch könnt ihr euch aneinander reiben. Dafür müsst ihr auch nicht nackt sein. Denn auch mit Kleidung werdet ihr viele intensive Gefühle erleben, wenn ihr euch liebkost und aneinander reibt. Solltet ihr nackt sein, müsst ihr aufpassen, dass keine Samenflüssigkeit in die Scheide gelangt. Sonst könnte es zu einer Schwangerschaft kommen.

Was ist Oralverkehr? Von Oralverkehr wird gesprochen, wenn du deine Partnerin mit dem Mund befriedigst. Jungs mögen es, wenn ihr Penis in den Mund oder die Hand genommen wird. Mädchen gefällt es, wenn ihre Scheide und ihre Klitoris mit der Zunge berührt und geleckt werden. Nicht jeder mag Oralverkehr. Frage vorher immer nach, ob das für die andere Person angenehm und okay ist!

Wie fühlt sich ein Orgasmus an? Der Orgasmus ist das Erreichen des sexuellen Höhepunkts. Diesen kannst du (und natürlich auch Mädchen und Frauen) während der Masturbation, beim Petting oder beim Sex erreichen. Dieses sehr intensive Gefühl wirst du am ganzen Körper spüren und es kommt zu angenehmen Muskelkontraktionen im ganzen Körper. Ein Wärmegefühl breitet sich in deinem Körper aus, du beginnst zu schwitzen und nimmst viele Vibrationen in dir wahr.

Wichtig: Mache nie etwas, was deine Partnerin nicht will. Auch du solltest zu nichts gezwungen werden. Einige Mädchen finden es eklig, dich mit dem Mund am Penis zu berühren, oder vielleicht magst du es nicht, wenn dich jemand an einer bestimmten Stelle am Körper berührt. Seid immer ehrlich und offen zueinander und zieht Grenzen, wenn euch etwas zu schnell oder zu weit geht. Und merke dir bitte eines: Wenn jemand Nein zu dir sagt, ist das eine deutliche Grenze. Diese musst du respektieren. Sonst brichst du das Vertrauen und sorgst bei der anderen Person für eine ganz schlimme Erfahrung. Und du willst ja niemanden verletzen.

Das erste Mal: So geht das mit dem Sex

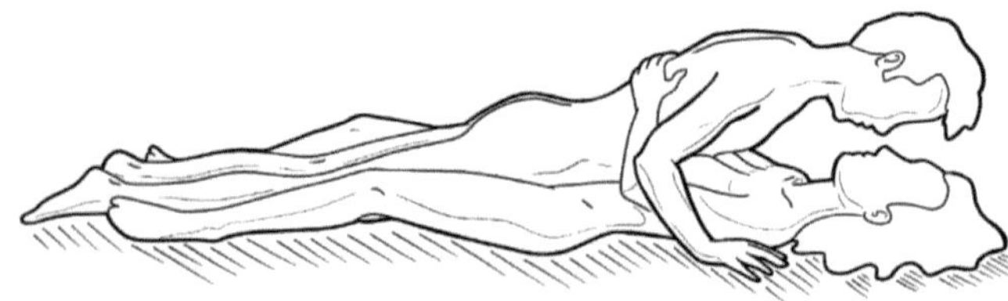

Wenn du verliebt oder in einer Beziehung bist, wirst du wahrscheinlich irgendwann mit dieser Person sexuelle Erfahrungen machen. Einige haben ihr erstes Mal schon relativ früh, andere wollen erst als junge Erwachsene Sex haben. Lass dich von niemandem zu etwas drängen. Du alleine entscheidest, wann der Moment für Zärtlichkeiten und Sex gekommen ist. Wenn es aber so weit ist, dann ist das wahnsinnig aufregend. Tausende Fragen schwirren dir jetzt durch den Kopf! Was muss ich tun? Was ist, wenn es ihr oder ihm nicht gefällt? Unsicherheiten sind beim ersten Mal normal. Schließlich ist es etwas, das du zuvor noch nicht getan hast und was sehr persönlich und intim ist.

Das erste Mal klappt nicht immer auf Anhieb. Manchmal macht dein Penis schlapp, obwohl du Lust hast. Das passiert zum Beispiel, sobald du eindringst oder du dich gestresst fühlst, weil du Angst hast, etwas falsch zu machen. Was auch immer die Ursache ist, rede mit deiner Partnerin darüber, das baut einiges an Unsicherheiten ab. Du kannst und musst nicht immer können und wollen. Wenn es nicht klappt, ist das völlig in Ordnung. Dann gibt es andere Möglichkeiten, zärtlich zu sein.

Beim Sex kommen Mädchen nicht immer zum Orgasmus. Das hat unterschiedliche Gründe. Meistens ist es so, dass das Eindringen des Penis alleine nicht ausreicht, ein Mädchen zum Höhepunkt zu bringen. Wenn du aber gleichzeitig die Klitoris berührst, kann das deine Partnerin stimulieren. Jedes Mädchen fühlt allerdings anders. Und Mädchen brauchen oft mehr Zeit als Jungs, um zum Höhepunkt zu kommen. Beim Sex kommen Jungs in der Regel schneller. Wenn du dich zurückhalten kannst, wird auch deine Partnerin die Möglichkeit haben, den Höhepunkt zu erreichen. Übrigens: Langsame Bewegungen mit dem Becken und kurze Pausen steuern die sexuelle Erregung und können deinen Orgasmus etwas hinauszögern.

Wenn es beide wollen, kann das erste Mal beginnen. Fangt am besten mit Petting oder einem Vorspiel an. Streichelt und küsst euch ausgiebig und berührt euch sanft an den intimen Stellen und erogenen Zonen. Seid ihr beide stark erregt, könnt ihr den Versuch wagen. Viele schlafen das erste Mal in der Missionarsstellung miteinander. Dafür legst du dich auf das Mädchen und dringst in dieser Position mit deinem Penis in die Scheide ein. Ein Kissen unter dem Po des Mädchens sorgt dafür, dass dein Penis leichter und sanfter eindringen kann. Gehe bitte ganz behutsam und langsam vor. Das erste Mal kann für Mädchen schmerzhaft sein. Wenn du vorsichtig bist, kannst du sofort reagieren, falls es deiner Partnerin wehtut.

So führst du den Penis richtig in die Scheide ein

Das richtige Einführen des Penis will gelernt sein. Hier ist es wichtig, dass du die Sache ruhig angehst und den Penis langsam und behutsam in die Scheide einführst. Es soll ja für beide so angenehm wie möglich sein. Ideal ist es, wenn du zuerst nur deine Penisspitze ein kleines Stück in die Scheide einführst. Deine Partnerin kann dafür die Schamlippen etwas auseinanderhalten oder du machst das. Wenn die Scheide feucht ist, sollte der Penis leicht in den Scheideneingang gleiten. Nun kannst du diesen Stück für Stück weiter einführen und dich vorsichtig vor und zurück bewegen. Beobachte deine Partnerin dabei und frage sie, wie es sich für sie anfühlt. Zieht sie ihr Becken weg, ist ihr etwas unangenehm. Dann solltest du deinen Penis wieder mehr herausziehen. Schiebt sie ihr Becken nach vorne, kannst du tiefer eindringen.

Übrigens: Beim ersten Mal fehlt es nicht nur Mädchen, sondern auch Jungs an Übung. Vergiss deshalb irgendwelche Techniken, die du gelesen hast und angeblich beeindrucken. Viel wichtiger sind Einfühlsamkeit und Humor. Wenn es nicht auf Anhieb klappt, darf man ruhig darüber lachen.

— — — — — — — — — — — — — — —

- Im Gegensatz zu Mädchen sprechen Jungs meist nur selten mit Freunden über das anstehende erste Mal. Zwar hast du mit deinen sexuellen Fantasien vielleicht schon problemlos Sex gehabt. Doch wenn du dem ersten Mal entgegenfieberst, kannst du dich plötzlich einem gewissen Leistungsdruck ausgesetzt fühlen. Vielleicht hast du Angst, dass deine Freundin den Penis zu klein findet oder dass du als Versager dastehst. Setze dich nicht unter Druck. In der Regel wird der erste Sex wunderschön sein.

- Leider empfinden es viele Jungs als Erleichterung, das erste Mal hinter sich zu haben. Der erste Sex wird von ihnen oft als Hürde wahrgenommen, die rasch hinter sich gebracht werden muss, um als Mann zu gelten.

- Zum ersten Mal gehört unbedingt das Thema Verhütung. Denn beim Sex – selbst beim ersten Mal – kann das Mädchen schwanger werden, wenn ihr nicht verhütet. Zudem schützen Verhütungsmittel wie Kondome vor sexuell übertragbaren Krankheiten.

- Das erste Mal sollte in ruhiger Atmosphäre und ohne Zeitdruck stattfinden. Am schönsten ist es, wenn man diese Erfahrung gemeinsam in einer stabilen Beziehung teilt.

Wann bin ich bereit für das erste Mal? Dies hängt von verschiedenen Faktoren ab. Es gibt daher nicht den einen richtigen Zeitpunkt. Wichtig ist nur, dass dieser selbstgewählt ist und nicht stattfindet, weil dich Freunde oder deine Partnerin dazu drängen. Wenn du eine Partnerin auswählst, mit der du das erste Mal erleben möchtest, spricht also nichts dagegen. Meistens kommt es zum ersten Sex in einer bereits länger andauernden Beziehung. Denn dann ist ausreichend Vertrauen vorhanden. Leider stehen viele Jungs in deinem Alter oft unter Druck, was Sex anbelangt. Sie wollen das erste Mal so schnell wie möglich erleben, damit sie vor ihren Freunden nicht als sexuell unerfahren dastehen. Du solltest jedoch selbst entscheiden, wann du dein erstes Mal haben willst. Höre deshalb immer auf die eigenen Gefühle, statt auf das, was andere denken oder sagen.

Sex ist erst ab 14 Jahren erlaubt

Zwar haben wir im Buch eben erwähnt, dass das erste Mal stattfinden kann, wenn du dazu bereit bist. Aber es gibt eine nicht ganz unbedeutende Kleinigkeit zu beachten. Denn Sex ist zwischen Jugendlichen erst ab dem 14. Lebensjahr erlaubt. Wenn du 13 Jahre alt bist und deine Freundin 14 Jahre, dürft ihr noch nicht miteinander schlafen. Das ist gesetzlich so vorgeschrieben. Du machst dich strafbar, wenn du dich nicht an das Jugendschutzgesetz hältst. Das gilt dann als Missbrauch. Wenn du auf ältere Personen stehst, so darfst du – wenn sie schon 18 Jahre alt sind – erst mit ihnen intim werden, wenn du 16 Jahre alt bist. Ist die Partnerin über 21 Jahre alt, ist die Handlung strafbar, falls du noch nicht volljährig bist. Allerdings müsste hierfür jemand eine Anzeige erstatten – zum Beispiel deine Eltern. Was aus rechtlichen Gründen überhaupt nicht erlaubt ist, ist Sex mit Lehrkräften, Erziehern und generell Personen, die für deine Ausbildung, Erziehung oder Betreuung zuständig sind.

- Das Jugendschutzgesetz schützt dich vor Missbrauch und davor, dass dich jemand ausnutzt oder zu etwas zwingt, das du nicht willst. Denn Sex sollte immer einvernehmlich passieren. Respektiere das Gesetz bitte.

Wenn du dich ausführlicher mit dem Jugendschutzgesetz zum Thema Sex befassen möchtest, empfehlen wir dir die

Aufklärungsseite „Recht Relaxed" im Internet, die vom Bundesministerium für Justiz für Jugendliche herausgegeben wurde. Die Erklärungen sind leicht verständlich.

Verhütung beim Sex: Man(n) nehme ein Kondom!

Als Junge bist du für Verhütung genauso verantwortlich und zuständig wie Mädchen. Wenn du Sex hast, dann bitte nicht ohne Kondom. Auch wenn sich das vielleicht nicht so schön oder intensiv anfühlt, Kondome sind ein Muss. Sie schützen dich und deine Freundin vor verschiedenen Krankheiten und Viren, die sogar tödlich sein können oder in manchen Fällen zu Unfruchtbarkeit oder Krebs führen können. Zudem verhindern Kondome – sofern korrekt angewendet – zuverlässig eine Schwangerschaft. Denn jedes fruchtbare Mädchen kann zu jedem Zeitpunkt schwanger werden. Und zwar wirklich zu jedem Zeitpunkt! Von Kondomen hast du vielleicht schon gehört oder auch schon eines gesehen.

Kondome gibt es in verschiedenen Größen und Arten, sodass du sie komfortabel tragen kannst und sie auch sicher schützen. Wichtig ist also, dass das Kondom passt und deiner Penisgröße entspricht. Dazu aber gleich mehr. Natürlich wird es am Anfang ein wenig Mühe kosten, das Kondom überzustülpen. Hier ist Übung gefragt.

Wovor schützen Kondome? AIDS ist nur eine Sache

An dieser Stelle wollen wir dir ausführlich erklären, warum Kondome schützen und warum sie die beste Option bei der Verhütung darstellen. Wenn Jungen und Mädchen Sex haben und ein Kondom benutzen, verhindert dieses, dass Samenflüssigkeit in die Scheide des Mädchens gelangt. Die Samenflüssigkeit spritzt beim Orgasmus aus dem Penis heraus. Samen können in der Scheide mehrere Tage überleben und so die weibliche Eizelle befruchten – was zu einer Schwangerschaft führt. Das Kondom fängt die Spermien ab, so können sie die Eizelle nicht erreichen. Ihr verhindert so, ungewollt Eltern zu werden. Bei richtiger Anwendung des Kondoms ist der Verhütungsschutz ziemlich sicher.

Neben der Verhinderung von Schwangerschaften schützt dich das Präservativ (anderes Wort für Kondom) auch gesundheitlich. Es ist sogar das einzige Verhütungsmittel, das vor Krankheiten schützt, die beim Sex übertragen werden können. Unter anderem stoppt es die Übertragung von HIV. Das ist ein Virus, welches die schwere und oft tödliche Krankheit AIDS auslösen kann. Aber auch gegen viele andere Krankheiten, die sexuell übertragbar sind, schützt das Kondom. Zu den häufigsten Krankheiten zählen HPV (kann zu Krebs führen), Chlamydien, Gonokokken, Genitalherpes, Hepatitis B oder Feigwarzen.

Einige Krankheiten lassen sich gut behandeln und heilen, andere wiederum nicht. Leider bleiben auch viele dieser Krankheiten über einen langen Zeitraum unentdeckt. Die Folgen sind dann meistens schwerwiegend – oft bedeutet das die lebenslange Einnahme von Medikamenten, Unfruchtbarkeit oder Krebsleiden. Das Kondom stellt also nicht nur eine wichtige Schutzfunktion dar. Es ist auch eine Sache des gegenseitigen Respekts und Aufpassens aufeinander. Als Junge bist du in der Pflicht, auf ein Kondom zu bestehen, egal, ob es sich um eine feste Beziehung oder eine einmalige Sache handelt. Wenn jemand darauf besteht, mit dir Sex ohne Kondom zu haben, dann respektiert dich diese Person wenig. Sie geht zudem verantwortungslos mit dir um.

Woran erkennst du ein sicheres Kondom?

Nur geprüfte Kondome sind sichere Kondome. Du erkennst das an einem Prüfzeichen, das auf der Verpackung sichtbar sein sollte. Dieses enthält die Buchstaben CE, nachfolgend eine Nummer und ein Haltbarkeitsdatum. Denn auch Kondome haben ein Verfallsdatum und halten nicht ewig. Erhältlich sind Kondome in verschiedenen Ausführungen. Sprich es gibt Naturkondome, Kondome aus Latex, hauchdünne Präservative, mit und ohne Geruch oder Geschmack, in verschiedenen Farben usw. Ein Standardkondom ist 0,06 Millimeter dick. Es gibt aber auch dünnere oder dickere. Die Form der Kondome kann sich ebenfalls unterscheiden. Wenn du beim Kauf „konturiert", „tailliert" oder „anatomisch" liest, sind damit entweder gerade, zylindrische oder an der Eichel eng anliegende oder weitere Kondome gemeint. Je nach Penisformen kann ein solch vorgeformtes Kondom besser sitzen. Kondome können an der Oberfläche glatt sein. Es gibt sie aber auch mit Rillen und Noppen.

So funktioniert das Kondom in der Praxis: Probiere es aus

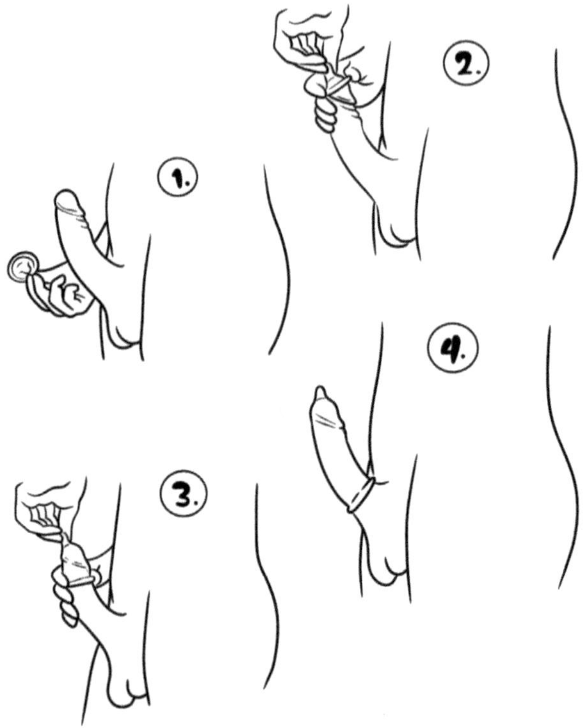

Hier erklären wir dir Schritt für Schritt, wie du ein Kondom in der Praxis am besten anwendest. Zuerst ist es wichtig, dass du das Kondom aus der Folienverpackung nimmst. Diese musst du vorsichtig aufreißen und das Kondom aus der Hülle befreien. Da das Kondom heil bleiben sollte, solltest du aufpassen, was Zähne, rissige Fingernägel und Piercings anbelangt.

Ist das Kondom aus der Verpackung geholt, geht es ans Aufsetzen. Hierzu musst du den Ring des Kondoms auf die Spitze des bereits steifen Penis setzen. Ganz wichtig ist dabei Folgendes: Die Rolle des Kondoms muss außen sitzen, sonst kannst du dieses nicht richtig abrollen. Ganz wichtig ist, dass die Luft draußen bleibt. Sprich, in der Spitze des Kondoms darf keine Luft sein, sonst ist später kein Platz für das Sperma. Wie entfernst du die Luft? Dafür musst du einfach nur die Spitze des Kondoms mit den Fingern zusammendrücken.

Das Abrollen funktioniert relativ einfach. Dazu rollst du das Kondom am steifen Penis herunter, bis es den kompletten Penis umhüllt. Du kannst die Vorhaut vor dem Abrollen zurückziehen oder während des Abrollens. Mach, wie es sich für dich am besten anfühlt. Wichtig ist, dass du das Kondom mit Gefühl abrollst und nicht daran zerrst.

Falls du merkst, dass du es verkehrt herum aufgesetzt hast (mit der Rolle nach innen), solltest du ein neues Kondom benutzen. Denn wenn du bereits einen steifen Penis hast, kommen Lusttropfen aus dem Penis, die Samenzellen enthalten können. Wenn du dann kein neues Kondom nutzt, sondern es einfach umdrehst, könnten die Samenzellen in die Scheide des Mädchens gelangen.

Sollte es mit dem „Anziehen des Kondoms" nicht direkt auf Anhieb klappen, musst du nicht enttäuscht sein. Das geht vielen Jungs so. Warte einfach kurz und starte dann einen neuen Versuch.

Nach dem Sex – wie das Kondom entfernen?

Nach dem Samenerguss, sprich, wenn du einen Orgasmus bekommen hast, solltest du nicht zu lange warten und den Penis, solange er noch steif ist, aus der Scheide ziehen. Damit das Kondom dabei nicht abrutscht oder stecken bleibt, solltest du es dabei am Ring festhalten. Denn das sorgfältig aufgefangene Sperma soll ja nicht aus dem Kondom laufen. Sobald der Penis samt Kondom draußen ist, check nochmal kurz, ob es auch dicht geblieben ist. Dann solltest du es vorsichtig abziehen, zusammenknoten und direkt in den Abfalleimer schmeißen. Bitte entsorge es nicht in der Toilette, denn diese kann verstopfen. Wenn du es diskret entsorgen willst, kannst du es in Toilettenpapier einwickeln.

- Ähnlich wie Fahrradfahren musst du die Anwendung des Kondoms erst lernen. Je öfter du das Aufziehen des Kondoms übst, desto sicherer gehst du damit um. Dann kannst du den Sex genießen.

- Viele Jungs üben das Überstülpen des Kondoms zuerst alleine. Wenn es dir nicht peinlich ist, kannst du aber auch zusammen mit deiner Freundin üben. Das kann spannend sein.

- Bedenke immer: Erst wenn das Kondom sicher sitzt, kann es losgehen.

Was mache ich, wenn das Kondom gerissen ist? Es kann passieren, dass das Kondom, obwohl du alles richtig gemacht hast, abrutscht oder reißt. In diesem Fall solltet ihr nicht in Panik geraten, aber zügiges Handeln ist dennoch gefragt. Wenn das Kondom gerissen ist, sollte deine Freundin so schnell wie möglich die „Pille danach" nehmen. Die Pille danach verhindert, dass du ungewollt Vater und deine Freundin ungewollt Mutter werdet. Sie funktioniert aber nur bis maximal 72 Stunden nach der Kondom-Panne. Die Pille danach ist für Jugendliche kostenlos.

- Wenn du Sex hast, stehst du in der Verantwortung. Du solltest dich für Verhütung interessieren und die Möglichkeiten gemeinsam mit deiner Partnerin besprechen.

- Die Pille ist eine sichere Verhütungsmethode, aber sie hat für Mädchen viele Nachteile und Nebenwirkungen und schützt nicht vor sexuell übertragbaren Krankheiten wie HIV/AIDS.

- Ein Kondom dagegen schützt sowohl vor einer Schwangerschaft als auch vor einer sexuell übertragbaren Infektion (Geschlechtskrankheit).

- Beim Sex kannst du dich schneller mit einer Infektion anstecken, als du glaubst. Fast alle Erwachsenen haben im Laufe ihres Lebens mindestens einmal an einer sexuell übertragbaren Krankheit gelitten. Umso wichtiger ist deshalb die Verhütung.

- Safer Sex ist ein Begriff, von dem du vielleicht in diesem Zusammenhang schon gehört hast. Damit ist „Sex mit Verhütung" gemeint, um Schwangerschaft und Krankheiten zu verhindern.

- Es gibt rund 30 verschiedene sexuell übertragbare Infektionen. Die Krankheitserreger gelangen über das Sperma, die Schleimhäute, die Scheidenflüssigkeit, das Menstruationsblut oder eine verletzte Hautstelle – so minimal diese auch sein mag – in den Körper.

- Wenn ihr euch mit dem Mund befriedigt und intime Stellen wie die Vagina oder den Penis mit dem Mund liebkost, braucht ihr keine Verhütung. Hier ist das Übertragungsrisiko von Infektionen sehr gering.

Jeder ist anders

Kleines Pubertätslexikon:

heterosexuell = Viele Menschen sind heterosexuell· Das heißt, dass ein Mann und eine Frau ein Liebespaar sind·

trans*/transsexuell/transgender = Personen, die ihr Geschlecht infrage stellen, zum Beispiel, wenn sie als Junge geboren wurden, sich aber als Mädchen fühlen – oder andersherum

Homosexualität = Menschen, die homosexuell sind; Frauen, die Frauen lieben, und Männer, die Männer lieben· Bei Frauen sagt man dazu lesbisch, bei Männern bezeichnet man das als schwul·

Intersexualität = Bei intersexuellen Menschen lässt sich nicht eindeutig sagen, ob ihr Körper männlich oder weiblich ist·

Bisexualität = Menschen, die sowohl Frauen als auch Männer lieben, nennt man bisexuell·

Nicht-binär = Wenn du dich weder als Mann noch als Frau bezeichnen möchtest oder zwischen den Geschlechtern hin- und herwechselst

queer = Mit diesem Begriff werden alle Menschen vereint, die anders lieben oder anders fühlen als heterosexuelle Menschen·

Coming-out = Begriff, wenn du öffentlich sagst, dass du „anders" bist und dasselbe Geschlecht liebst oder nicht weißt, ob du Mann oder Frau bist

LGBTQIA+ = zusammenfassende Bezeichnung für die verschiedenen sexuellen Orientierungen

Die Körper von Jungen und Mädchen unterscheiden sich. Es gibt große, kleine, dicke und dünne Menschen. Es gibt Menschen mit dunklem oder hellem Haar und mit blauen, grünen oder braunen Augen. Die Natur hat für eine wahre Vielfalt gesorgt. Und so, wie sich Menschen äußerlich voneinander unterscheiden, so können sie auch innerlich ganz anders sein, was Geschmack, Humor, Interessen oder sexuelle Orientierung angeht. So gibt es Jungs, die sich eher zu anderen Jungs als zu Mädchen hingezogen fühlen. Oder sie haben das Gefühl, eher ein Mädchen zu sein, und glauben, im falschen Körper zu stecken.

Es gibt auch Jungs, die keine typischen Jungssachen machen wollen und statt Fußball lieber Ballett tanzen. Oder sie wollen sich wie ein Mädchen anziehen und sich schminken. All das ist normal und erlaubt. Körper und Gefühle sind bei jedem anders und einzigartig. Sie machen dich einzigartig! Und ob du dich eher weiblich oder männlich definierst, bleibt dir überlassen. Glaube den veralteten Klischees nicht! Es gibt keine typisch männlichen oder weiblichen Eigenschaften. Deine körperlichen Bedürfnisse sowie deine sexuelle Orientierung darfst du frei ausleben.

Wie du dich anziehst, für was du dich interessierst, wie du dich verhältst, ist deine Entscheidung. Du musst keiner klassischen Rolle entsprechen. Denn du kannst körperlich ein Junge sein, dich aber wie ein Mädchen verhalten. Oder dich wie ein Mädchen fühlen, auch wenn du als Junge geboren wurdest. Das nennt sich transgender oder trans*. Sprich, wenn du merkst, dass das angeborene männliche Geschlecht nicht zu dir passt, dann fühlst du dich eher als trans Frau.

Es gibt übrigens Menschen, die sich als non-binary (nicht-binär) bezeichnen. Sie fühlen sich weder nur männlich noch nur weiblich und sind eher eine Mischung aus beidem. Wenn du dich ähnlich fühlst, ist es ungemein wichtig, dass du dich so akzeptierst, wie du bist, und dein gefühltes Geschlecht frei auslebst.

Und ob du dich als trans*, inter*, nicht-binäre oder homosexuelle Person in einen Jungen oder ein Mädchen verlieben wirst, sollte ebenfalls unwichtig sein. Wichtig ist, dass du den anderen Menschen magst, ihn anziehend findest und gerne mit ihm Zeit verbringst. Das Geschlecht sollte nicht im Vordergrund stehen.

Ich mag Jungs – Alles, was du über Homosexualität wissen musst

Jungs stehen auf Mädchen, Mädchen auf Jungs. So ist es üblich, doch bei dir ist das irgendwie anders? Oder du bist dir nicht ganz sicher, ob du homosexuell bist? Sprich, ob du schwul bist und auf Jungs stehst? Jeder Junge entdeckt seine sexuelle Orientierung auf andere Weise. Und es ist völlig in Ordnung für dich, wenn du noch nicht ganz weißt, was du willst. Irgendwann macht es einfach klick. Vielleicht weißt du es aber schon ganz genau: In deinem Leben verliebst du dich nur in Jungen. Auch, wenn sich dies im Laufe des Lebens verändern kann – was auch immer du fühlst: Wenn dich andere Jungs aktuell mehr interessieren als Mädchen, dann sollst du das ausleben. Es ist dein Recht, dich in Jungs zu verlieben und auch so zu leben. Und: In Sachen Liebe gibt es keinen Unterschied zwischen schwul und nicht-schwul. Egal, wen du liebst, dieses Gefühl ist immer gleich aufregend und schön.

Homosexualität und Bisexualität entstehen nicht durch eine falsche Erziehung. Sie sind Teil der Vielfalt in unserer Welt. Deine Beziehungen zum gleichen Geschlecht – egal, ob freundschaftlich, partnerschaftlich oder körperlich – darfst du ausleben und zulassen. Deine sexuelle Orientierung ist okay!

Vielleicht hast du schon einmal gesehen, wie ein Junge in der Schule als „schwule Sau" bezeichnet wurde. Das ist ein schreckliches Schimpfwort, dass homosexuellen Jugendlichen Angst macht. Viele Jungs wollen wegen dieses Schimpfworts nicht als „Schwuli" gelten oder sich outen. Wenn du mit einem Jungen gehst, traust du dich vielleicht nicht, ihn in der Schule zu küssen. Aber: Du hast ein Recht darauf, auszuleben, was du fühlst. Du bist nicht anders, nur weil du Jungs mehr magst. Und du solltest niemandem etwas vorspielen müssen. Vor allem hast du die gleiche Liebe verdient wie andere auch.

Selbst wenn es dir schwerfällt, alles ist besser, als zu schweigen! Suche ein vertrauensvolles Gespräch und informiere dich selbst über Homosexualität. Garantiert gibt es bei dir an der Schule Lehrkräfte, die ebenfalls lesbisch oder schwul sind und daraus kein Geheimnis machen. Mit ihnen kannst du sicher sprechen.

Schwul oder bi ...? Wenn du nicht so genau weißt, ob du schwul bist oder nicht, sondern Jungs und Mädchen toll findest, dann bist du „bi" oder bisexuell. Übrigens, Mädchen, die andere Mädchen lieben, sind lesbisch. Deiner sexuellen Orientierung eine Bezeichnung zu geben, ist nützlich und sinnvoll. Denn es macht dich für andere Menschen sichtbar. Für sie ist es leichter, zu wissen, was du magst und was du nicht magst. Zudem zeigst du damit ganz offen, wer du bist.

Übrigens, es gibt Jungs, die sich überhaupt nicht für Sex und Beziehung interessieren. Für sie spielen diese Dinge keine große Rolle. Sie empfinden zudem nur wenig Anziehung zu anderen Menschen oder wollen einfach keinen Sex haben. Auch das sollte nicht verurteilt werden. Menschen, die so empfinden, werden als asexuell bezeichnet. Und wer keine romantischen Gefühle in sich entdecken kann, gilt als aromantisch. All diese verschiedenen Menschen haben genauso ein Anrecht darauf, sich auszuleben, wie du und andere queer-Personen. (Queer ist ein Oberbegriff für alle Personen, die nicht der klassischen Norm entsprechen.)

Wie sage ich meinen Eltern oder anderen, dass ich nicht heterosexuell bin? Wann, wie und vor wem du dich outen willst (outen ist ein Begriff, der verwendet wird, wenn du dich offiziell zu deiner Homosexualität oder Bisexualität bekennst), bleibt dir überlassen. Das solltest du ganz frei entscheiden. Es gibt keine Pflicht zum Coming-out. Wenn du Angst hast, dass jemand aus deinem Umfeld schlecht reagiert, dann ist es besser, mit einer Person oder einem Freund anzufangen, die dich sicher verstehen und unterstützen werden. Es kann auch helfen, einer Vertrauensperson Bescheid zu geben, bevor du dich vor deinen Eltern outest. Dann kannst du im Anschluss gleich erzählen, wie es gelaufen ist. Falls jemand nicht gut reagiert, dann kann es sein, dass diese Person ein bisschen Zeit braucht, um das zu verarbeiten. Auf jeden Fall ist es nicht deine Schuld. Jeder sollte deiner Identität und Lebensweise mit Respekt begegnen. Falls du weitere Unterstützung für dein Outing suchst, kannst du dich an eine Jugendgruppe in deiner Nähe oder eine Beratungsstelle wenden, die dich persönlich oder per Telefon beraten und dir in schwierigen Situationen helfen. Einige dieser Anlaufstellen nennen wir dir am Ende des Buches.

Viele Menschen gehen noch immer automatisch davon aus, dass man heterosexuell ist und lebt. Mach ihnen klar, dass dies nicht so ist.

Zwar ist die Mehrheit heute homosexuellen Menschen gegenüber sehr offen. Doch

trans* – ich fühle mich eher wie ein Mädchen

Kinder und Jugendliche, die sich nicht eindeutig mit ihrem Geschlecht identifizieren, sprich mit dem Geschlecht, mit dem sie auf die Welt gekommen sind, bezeichnen sich als trans*. Wenn du dich eher wie ein Mädchen fühlst, obwohl du biologisch gesehen ein Junge bist, bist du also trans*. Das Sternchen steht dabei für eine Vielzahl von möglichen Endungen. Denn der Oberbegriff soll viele mögliche Lebensformen und Selbstbezeichnungen umfassen. Das Wort „trans*" bedeutet „jenseits" oder „über hinaus". Viele trans* Personen erfahren noch immer Diskriminierung, Gewalt und Stigmatisierung. Ein Coming-out ist deshalb nicht ganz einfach und kann mit Ängsten und Orientierungslosigkeit verbunden sein.

Wenn du das Gefühl hast, dass dein Umfeld und deine Familie wenig Akzeptanz dafür haben, solltest du dir unbedingt Vertrauenspersonen suchen, die dich stützen und unterstützen. Es gibt viele Angebote in der trans* Community. Diese werden wir dir am Ende des Buchs aufzählen.

Viele Eltern und Freunde sind trans* Menschen gegenüber mittlerweile aufgeschlossen. Wenn du ein gutes Verhältnis mit deiner Familie hast, werden sie dich auf dem Weg in ein trans* Leben garantiert unterstützen. Übrigens, nicht jeder Junge, der sich im falschen Körper fühlt, wird sich dazu entscheiden, sich geschlechtlich umoperieren zu lassen. Auch, wenn dies möglich ist. Du hast als trans Mädchen vielfältige Möglichkeiten, deine gewählte weibliche Identität zu zeigen und darzustellen.

Unter anderem kannst du eine Namensänderung oder Geschlechtsänderung in deinem Pass beantragen. Zudem gibt es medizinische Möglichkeiten, die dich auch körperlich eher wie ein Mädchen aussehen lassen. Hier solltest du aber nicht alleine vorgehen, sondern dich ärztlich oder therapeutisch beraten lassen. Auch eine Vertrauenslehrkraft an deiner Schule kann dir hier weiterhelfen und dich unterstützen. Vor allem, wenn dein Umfeld vielleicht nicht ganz so reagiert, wie du es dir wünschst.

Warum werden trans* Menschen häufig ausgegrenzt? Obwohl die Gesellschaft heute recht offen und tolerant ist, werden Jungs und Mädchen prinzipiell nur als das wahrgenommen. Und viele anderen Geschlechtlichkeiten bleiben unsichtbar. Leider gibt es immer noch Menschen, die glauben, dass trans* Personen krankhaft sind, sprich, nicht der gesunden Norm entsprechen. Viele Menschen kennen sich auch nicht richtig aus, da sie nicht aufgeklärt wurden. Sie wissen einfach zu wenig über die Lebensrealitäten von trans* Personen. Die Medien haben leider in der Vergangenheit ebenfalls viel zu Diskriminierung und Stigmatisierung geführt.

- Lass dich nicht von Vorbehalten und negativen Äußerungen von anderen verunsichern. Lebe deine Geschlechtsidentität! Genieße sie! So wie du dich fühlst, so bist du.

- Ob du dich für den Rest deines Lebens wie ein Mädchen fühlst oder ob das nur jetzt so ist, wirst du mit der Zeit herausfinden. Du musst dich aber dafür nicht rechtfertigen. Denke daran, es gibt auch „genderfluid" Personen, die verschiedene Geschlechter ausleben und zwischen ihnen hin- und herwechseln.

- Nimm deine Gefühle als trans* Person ernst. Wenn du nicht zeigen darfst, wer du bist, wirst du nur leiden.

- Bitte deine Eltern und Freunde um Hilfe und Unterstützung, denn in einem anderen Geschlecht zu leben, ist komplex und mit vielen Fragen, Unsicherheiten und Ängsten verbunden. Nutze auch Angebote und Räume der „trans* und queer Gemeinschaft" in Anspruch. Mittlerweile gibt es in vielen Städten und Gemeinden eine Beratungsstelle und Gruppen für trans* Jugendliche. Dort haben deine Sorgen Platz und du lernst andere trans* Menschen kennen.

---

trans* in der Schule? Wie geht das?

Eigentlich solltest du in der Schule ein Anrecht darauf haben, so zu leben, wie du willst. Und die Schule darf dich auch nicht diskriminieren oder dir das Ausleben deiner Geschlechtsidentität verbieten. Dennoch kann dein trans*-Sein an der Schule nicht ganz einfach sein. Vielleicht musst du dir von manchen Mitschülern respektlose Kommentare anhören. Oder andere Kinder und Jugendliche lachen dich aus. Es kann auch sein, dass eine Lehrkraft nicht weiß, wie sie mit deiner trans* Persönlichkeit umgehen soll. Manchmal ist eine Schule auch nicht richtig darauf vorbereitet, obwohl sie jedem Kind, egal welcher Geschlechtsidentität, ein sicheres Umfeld zum Lernen bieten sollte. Mit was auch immer du zu kämpfen hast, es ist nicht in Ordnung und du musst auch nichts hinnehmen. Deine Schule ist in der Pflicht, dir stets ein sicheres und respektvolles Umfeld zu bieten.

Die meisten Schulen sind heute zum Glück schon viel weiter und nehmen an Antidiskriminierungsprogrammen teil. Sie setzen sich dafür ein, dass an ihrer Schule eine Akzeptanz für unterschiedliche Lebensweisen vorhanden ist. Und sie distanzieren sich von Homo- und Transphobie.

Was bedeutet intergeschlechtlich? Es gibt Kinder, die kommen weder als Junge noch als Mädchen zur Welt. Ihre Geschlechtsmerkmale lassen sich nicht richtig einordnen. Weil sie zum Beispiel keine männlichen Geschlechtsteile haben, aber ansonsten männlich sind, oder andersherum. Inter meint „dazwischen". Kinder, die intergeschlechtlich sind, sind etwas ganz Besonderes. Auch, wenn sie sich selbst manchmal verwirrt und verloren in ihrem Körper fühlen oder nicht wissen, wo sie sich zuordnen sollen. Falls du ebenfalls intergeschlechtlich bist, solltest du dich dafür nicht schämen und deinen Körper so zeigen, wie er ist. Er ist ein Teil von dir und macht dich glücklich, wenn du ihn akzeptierst. Mit dir ist nichts falsch und du bist auch nicht krank! Du bist richtig, genauso wie du bist.

Wenn du Fragen hast oder dir zu diesen Themen Hilfe suchen möchtest, kannst du dich an das Jugendnetzwerk Lambda für lesbische, schwule und transsexuelle Jugendliche unter www.lambda-online.de wenden oder unter www.transinterqueer.org Angebote zur geschlechtlichen Identität wahrnehmen. Zudem gibt es verschiedene Jugendberatungsstellen wie In&Out (www.comingout.de), www.meingeschlecht.de oder www.trans-kinder-netz.de. Anonyme telefonische Beratung (Kinder- und Jugendtelefon) zum Thema gibt es unter der Nummer 116 111 (zwischen 14 und 20 Uhr) oder unter 0800 111 0333.

Auch die Gesundheitsämter beraten dich kostenlos und anonym. Hilfe findest du zudem beim Roten Kreuz, der Diakonie und pro familia.

Alltagsthemen
in der Pubertät
HALLO!

Kleines Pubertätslexikon:

Broken-Heart-Syndrom = *Liebeskummer*
Machismus = *Männer oder Jungs, die glauben,*
sie wären Frauen überlegen, oder die denken,
sie hätten mehr Vorrechte und seien insge-
samt bedeutender als Frauen.

Die Pubertät ist eine aufwühlende Zeit, in der unglaublich viele Dinge passieren. Was du gestern noch cool fandst, ist heute plötzlich doof oder öde. Und in ein paar Wochen ändert sich das erneut. Deine Lieblingsband gefällt dir nicht mehr, jetzt magst du auf einmal andere Musik. Vor ein paar Wochen hast du nach der Schule mit deinen Freunden im Garten gespielt oder ihr habt euch auf dem Spielplatz getroffen. Und jetzt willst du am liebsten daheim in deinem Zimmer bleiben und dich dort den ganzen Tag verkriechen. Deine Eltern schauen dich manchmal an, als hättest du den Verstand verloren. Und auch du verstehst die Welt nicht mehr. Vieles wird in der Pubertät anders. Alltägliche Dinge und Alltagsthemen nimmst du nicht mehr so wahr wie früher. Zudem fängst du an, Begabungen zu entwickeln, die du unbedingt fördern solltest (wie Sport, Theater, Musik, Kunst etc.).

Dein Gehirn trägt großen Anteil daran. Es baut um, und das wirkt sich auf dein Denken, Verhalten und Fühlen aus. Und zwar gravierend! Um das zu verbildlichen: Jede Sekunde sterben bei dir in der Pubertät bis zu 30.000 nicht mehr benötigte Nervenverbindungen ab. Das passiert vor allem im Hirnbereich, der für Entscheidungsfindung, Motivation und Planung zuständig ist. Aber auch dein Gefühlszentrum gerät durcheinander, sodass es zu Stimmungsschwankungen kommt, bei denen positive Situationen plötzlich negativ sind und andersherum. All diese Veränderungen im Gehirn sorgen zudem dafür, dass du mehr Interesse an Mutproben und anderen Heldentaten hast.

Gleichzeitig wirst du immer verantwortungsbewusster und handelst kompetenter. Du ähnelst immer mehr einem Erwachsenen. In diesem Zusammenhang werden deine Eltern jeden Tag ein bisschen uninteressanter und nerviger. Und du brauchst sie jedes Jahr ein bisschen weniger. Sprich, sie verlieren viel ihres Einflusses auf dich, weil du dich von ihnen abnabelst: Besonders was Kleidung, Musik und Haarstyling angeht, lässt du dir nichts mehr reinreden. Du willst dich eben abgrenzen, deine Freunde tun das schließlich auch. Und du möchtest von deinen Kumpels unbedingt akzeptiert werden und ihnen ähnlich sein.

Um das zu erreichen, veranstaltet ihr vielleicht Mutproben. Es kann auch sein, dass du zwischendurch die Schule vernachlässigst.

Ja, und dann sind all die körperlichen Veränderungen nicht zu unterschätzen. Sie bringen vieles durcheinander. Und du fängst an, Körperschweiß zu entwickeln, unter Pickeln zu leiden und fettiges Haar zu haben. Im Folgenden zählen wir dir die wichtigsten Alltagsthemen auf, auf die du in der Pubertät stoßen wirst und die sich nicht umgehen lassen. Zudem verraten wir dir ein paar Tipps und was du beachten solltest.

Waschen und Hygiene: Miefmüffel, wasch dich doch!

Körperhygiene ist ein Thema, mit dem du dich in der Pubertät beschäftigen musst. Du riechst schneller einmal unangenehm.

Vor allem nach dem Sport. Und auch dein T-Shirt riecht plötzlich stark nach Schweiß. Das liegt an den männlichen Hormonen, die in dieser Zeit sehr aktiv sind. Das bedeutet, du musst dich regelmäßig waschen. Einmal am Tag sollte es schon sein. Und beim Waschen reicht auch keine Katzenwäsche mehr. Jetzt musst

du dich ausgiebig von Kopf bis Fuß reinigen. Denn die Körperhaare, die in der Pubertät anfangen zu sprießen, sammeln zusätzlich Schweiß an. Wenn du deine Haut nach dem Duschen pflegen willst, sodass sie auch schön duftet, solltest du dich danach eincremen oder ein mildes Hautöl oder eine Hautlotion verwenden.

Zudem helfen dir schweißhemmende Deos. Diese gibt es in der Apotheke oder Drogerie. Achte auch auf die richtige Kleidung, wenn du zu starkem Körperschweiß neigst. Alles, was aus Kunstfasern besteht – wie T-Shirts von vielen Billigmarken –, verstärkt deinen Körpergeruch noch mehr. Verwende am besten Baumwoll-T-Shirts und Kleidungsstücke aus Leinen. Dann wirst du nicht so schnell nach Schweiß stinken. Leider kannst du ansonsten nicht so viel gegen den unangenehm riechenden Schweiß tun. Dieser wird sich aber von alleine wieder regulieren und verschwinden, wenn du ungefähr 18 Jahre alt bist.

In der Pubertät musst du dich auch mit den hässlichen Pickeln und Mitessern im Gesicht herumschlagen. Hier solltest du auf spezielle Gesichtspflege bauen und dich am besten medizinisch beraten lassen, welche Pflegeprodukte für deine Haut infrage kommen. Es gibt zum Glück Pflegeserien, die nicht teuer sind. Falsche Produkte trocknen deine Haut aus, führen zu Juckreiz und fördern Pickel und Mitesser. Wenn du zwischendurch mal unter vielen roten, eitrigen Pickeln leidest, die schon fast gefähr-lich aussehen, kannst du dich mit einem Akne-Abdeckstift be-helfen.

Ebenfalls umfassend gereinigt werden muss in der Pubertät dein Penis. Hier ist es wichtig, dass du beim Duschen oder Waschen die Vorhaut deines Penis zurückziehst und die darunter liegende Haut reinigst. Das solltest du dein ganzes Leben lang tun. Wenn dein Penis nicht ausreichend oder täglich gewaschen wird, bilden sich dort Bakterien, die zu Infektionen führen können. Außerdem kannst du diese Bakterien dann beim Sex übertragen und deine Partnerin eventuell krank machen.

Wie erwähnt, wird nicht nur dein Gesicht, sondern auch deine Kopfhaut fettiger. Wenn deine Hormone verrücktspielen, wird also dein Kopfhaar fettig sein. Wie kannst du dir da behelfen? Auf jeden Fall nicht mit einem Duschgel. Auch, wenn dein Papa sich mit Duschgel die Haare wäscht und dir erklärt, dass das völlig ausreicht, solltest du kein Duschgel nutzen. Das mag stim-men, wenn du ein erwachsener Mann bist, aber als Jugendlicher brauchst du ein spezielles Shampoo, um dein fettiges Haar in den Griff zu bekommen. Sprich mit einem Friseur oder lass dich in der Drogerie beraten, welches Shampoo am besten für deine pubertierenden Haare geeignet ist.

Auweia, der Männerarzt: Ja, du solltest zum Urologen

Ob du es willst oder nicht: Auch Jungs sollten zur Gesundheitsvorsorge und einen Männerarzt aufsuchen. Dieser wird in der Fachsprache als Urologe bezeichnet. Er untersucht deinen Penis, deine Hoden und überprüft, ob alles in Ordnung ist. Du solltest aber nicht nur zum Männerarzt gehen, wenn du auffällige Symptome hast oder etwas nicht stimmt. Es ist wichtig, dass du die Kontrolluntersuchung nicht verschläfst. Wenn du Probleme an deinen Geschlechtsteilen hast, dann verschwinden diese nicht einfach wieder von alleine. Es kann außerdem sein, dass du gar nicht bemerkst, dass etwas komisch ist. Gehe deshalb regelmäßig zur Gesundheitsvorsorge. Darüber hinaus solltest du dich auch immer wieder selbst untersuchen. Bester Zeitpunkt ist dafür nach dem Baden oder Duschen. Dann ist der Hodensack durch die Wärme entspannt und lässt sich besser abtasten.

Was kannst du bei einer Selbstuntersuchung entdecken? Zum Beispiel, ob du eine Krampfader im Hoden hast. Diese ist als leichte Verdickung spürbar. Und sie kommt in deinem Alter relativ häufig vor. Zu finden ist diese meistens auf der linken Seite deines Hodens. Die Krampfader ist eigentlich ungefährlich, doch wenn sie nicht behandelt wird, kann sie deine Fruchtbarkeit beeinträchtigen. Eine weitere Auffälligkeit, die du bei der Selbstuntersuchung herausfinden kannst, ist der Gleithoden. Dabei handelt es sich um ein Phänomen, bei dem dein Hoden zeitweise aus dem Hodensack verschwindet, dann aber wieder zu spüren ist. Des Weiteren kannst du beim Abtasten Verhärtungen und Vergrößerungen erkennen und spüren, die auf Hodenkrebs schließen lassen können. Diese Krankheit tritt zwar meistens erst ab dem 20. Lebensjahr auf, kann aber auch schon in der Pubertät entstehen.

Mehr Informationen zur Selbstuntersuchung gibt es bei den Männerärzten und in Broschüren. Vielleicht kann dir auch dein Vater zeigen, wie du dich am besten selbst untersuchst. Das ist nichts Peinliches, sondern gehört zur Gesundheitsvorsorge dazu.

— — — — — — — — — — — — — — —

- Viele Jungs beobachten ihren Körper nicht so stark wie Mädchen. Sie glauben, ihn besser im Griff zu haben, und gehen erst zum Arzt, wenn sie die Schmerzen nicht mehr aushalten können. Damit ist nicht zu spaßen. Denn oft kann sich eine Kleinigkeit in eine chronische Krankheit verwandeln. Deshalb solltest du bei einer Auffälligkeit an deinem Penis oder Hoden sofort zum Männerarzt gehen. Der Urologe wird schnell abklären können, was dein Problem ist.

- Zu den häufigsten Krankheiten an den männlichen Geschlechtsteilen zählen Leistenbruch, Vorhautverengung, Hodenentzündung, Penisverletzungen und bösartige Neubildungen.

Sport ist Mord, oder etwa nicht?

Du bist eine richtige Sportskanone, oder denkst du eher, „Sport ist Mord"? Wie dem auch sei, ganz ohne sportliche Betätigung solltest du nicht durch die Pubertät gehen. Finde einfach etwas, das dir Spaß macht. Wichtig ist nur, dass du dich bewegst, da du dich noch im Wachstum befindest und Sport jede Menge Vorteile für dich bringt. Zudem fördert Sport deine Selbstwahrnehmung und verbessert dein Körpergefühl. Denn in der Pubertät wird es Momente geben, in denen du deinen Körper nicht gerade attraktiv findest.

In dieser Zeit hilft dir Sport, um dich an deinen erwachseneren Körper zu gewöhnen. Da du als Jugendlicher zudem mehr Muskelmasse bildest, ist Bewegung das beste Mittel, um die Muskeln gleich zu trainieren. Zudem stärkst du deine Knochen und verbesserst deine Kondition. Mit Sport kannst du außerdem deine Grenzen austesten und bekommst mehr Selbstbewusstsein und Selbstwertgefühl.

Und das Beste ist: Du fühlst dich einfach fitter und wohler in deiner Haut. Die Glückshormone, die beim Sport ausgeschüttet werden, sorgen für gute Laune. Außerdem gibt es unzählige

Sportarten, die du ausprobieren und praktizieren kannst. Das muss nicht immer Fußball sein. Vielleicht möchtest du dich auch in anderen Sportarten beweisen, Skateboardtricks lernen oder Wakeboard fahren. Egal, welcher Sport es ist, die Anstrengung lohnt sich.

Im Folgenden geben wir dir ein paar wertvolle Tipps an die Hand, die dich bei der Suche nach einer passenden Sportart unterstützen. Wir verraten dir zudem, welche Sportarten bei Jungs in deinem Alter sehr beliebt sind. Erstaunlicherweise gehört das Joggen dazu. Das klingt zwar auf den ersten Blick recht langweilig, doch Joggen macht Spaß und schüttet viele Glückshormone aus. Und das ist nicht alles: Du trainierst beim Laufen deinen ganzen Körper und wirst schnell Erfolge an Bauch, Beinen, Rücken und Po merken. Joggen kannst du außerdem überall: im Wald, im Park, auf Spazierwegen, durch die Stadt oder im Stadion. Wenn du nicht alleine joggen möchtest, kannst du das vielleicht mit deinem Papa oder besten Freund zusammen machen. So verbringt ihr auch gleich Zeit miteinander.

Neben Joggen ist Schwimmen ein beliebter Sport: Im Sommer kannst du ins Freibad gehen, im Winter ins Hallenbad. Viele Bäder haben zudem einen kleinen Saunabereich, wo du dich entspannen und den ganzen Pubertätsstress rausschwitzen kannst. Unter den Top-3-Sportarten findet sich das Radfahren in all seinen Varianten: Mountainbike, Rennrad, BMX oder normales Radeln – es macht einfach Spaß, in die Pedale zu treten. Du kannst das Fahrrad auch nutzen, um damit zur Schule zu fahren, dann musst du nicht laufen oder den Bus nehmen und kannst neue Wege bei dir in der Umgebung entdecken.

Vielleicht bist du lieber ein Teamplayer und möchtest Sport im Verein ausüben. Dann ist möglicherweise Tischtennis, Leichtathletik, Volleyball, Basketball, Tennis, Ballett, Hip-Hop, Handball, Federball oder Baseball etwas für dich. Die Auswahl ist wirklich gigantisch!

— — — — — — — — — — — — —

- **Wie viel Sport soll es pro Woche sein?** Was Sport angeht, so gibt es keine festen Regeln. Aber wenn du eine Empfehlung hören willst, dann kannst du dich an der Weltgesundheitsorganisation (WHO) orientieren. Diese empfiehlt Kindern und Jugendlichen, sich einmal täglich mindestens eine Stunde zu bewegen. Vermutlich wirst du es nicht schaffen, jeden Tag eine Stunde Sport zu machen. Aber du kannst diese Stunde mit Aktivitäten füllen, bei denen du nicht sitzen musst. Statt also vor dem Tablet oder Smartphone abzuhängen, kannst du mit dem Fahrrad zur Schule zu fahren, zu Fuß zu deinen Freunden laufen oder einen Spaziergang mit deinem Hund machen. Oder noch besser: Du lässt deine Energie raus, indem du wild in deinem Zimmer tanzt oder Tanzstunden nimmst. Sei kreativ!

Der erste Liebeskummer – wie damit umgehen?

In der Pubertät fühlst du dich nicht nur körperlich anders. Du fängst auch an, für andere zu schwärmen. Und irgendwann übermannen dich die ersten Liebesgefühle. Diese sind überwältigend. Es sind Gefühle, die du so noch nicht erlebt hast. Der Grund für deine Liebesgefühle sind die Hormone. Sie lösen in deinem Körper richtiggehend Explosionen aus. Besonders stark werden Glückshormone wie Dopamin produziert. Deshalb fühlst du dich so unbeschreiblich glücklich. Wissenschaftler haben herausgefunden, dass es fast wie ein Zwang ist und du als Verliebter wie auf Drogen bist. Und dann kommt es zum Bruch, plötzlich ist Schluss. Deine Droge ist weg. Und du fühlst dich wie auf Entzug.

Leider kann es immer wieder mal passieren, dass eine Beziehung oder Liebschaft kaputtgeht und ihr euch trennt. Dann ist der Liebeskummer groß, auch wenn du das nicht wahrhaben willst. Eine Trennung von einem geliebten Menschen tut weh. Es fühlt sich einfach mies an, den anderen verloren zu haben.

Egal, ob die Trennung aus heiterem Himmel entstanden ist oder sich schon abgezeichnet hat, danach fallen die meisten Menschen erst einmal in ein dunkles Loch. Du glaubst, dein Herz zerreißt. Und auch, wenn es dir unangenehm ist, du musst viel weinen und kannst manchmal gar nicht mehr damit aufhören. Die nächsten Tage nach der Trennung verziehst du dich in dein Zimmer und möchtest mit niemandem reden. Schule ist blöd, alles ist auf einmal nur blöd und doof. Aber es gibt eine gute Nachricht: Der Liebeskummer geht irgendwann vorbei.

Manchmal dauert es ein paar Wochen, manchmal Monate, doch dann ist er plötzlich weg.

 **Woher weiß ich, dass ich Liebeskummer habe?** Du hast keine Lust mehr auf gar nichts. Alles ist beschissen. Jeder Schritt strengt dich an, in der Schule kannst du dich nicht mehr konzentrieren. Und auch der Appetit ist dir vergangen. Nachts liegst du wach im Bett, weil du nicht mehr schlafen kannst. Deine Freunde nerven dich nur und am liebsten möchtest du dich für immer in deinem Zimmer verkriechen. Es kann auch sein, dass du Kopfweh und Bauchschmerzen bekommst und dich kraft- und energielos fühlst. Zum Glück ist das Schlimmste nach ein paar Tagen überstanden. Danach leidest du zwar weiterhin, aber nicht mehr ganz so extrem.

Wenn der Liebeskummer arg ist, bitte deine Familie oder Freunde um Hilfe und rede mit ihnen. Sie werden dir sicher zuhören und deinen Kummer etwas besser machen, indem sie dich ablenken oder dir gute Tipps geben. Triff dich auch mit Freunden und unternimm Dinge, die dir Spaß machen. Sie lassen deine Traurigkeit wenigstens eine Zeit lang verblassen.

- **Wusstest du?** Medizinisch wird Liebeskummer als Broken-Heart-Syndrom bezeichnet. Denn tatsächlich fühlt es sich so an, als sei das Herz gebrochen. Es tut im Herzen weh und in manchen Fällen funktionieren die Herzmuskeln vorübergehend nicht richtig oder es kommt kurzfristig zu Depressionen. Denn medizinisch gesehen ist Liebeskummer eine Krankheit.

Heldentaten, Übermut und Alkohol

Leider hält sich das Klischee unter Jungen immer noch hartnäckig, dass Männer, die stark und männlich sind, regelmäßig Bier und Schnaps trinken und Zigaretten rauchen müssen und sogar Drogen und andere Suchtmittel nehmen sollten. Das ist Quatsch: Denn Alkohol, Zigaretten und andere Drogen sind überhaupt nicht männlich. Wenn du Bier trinkst, qualmst oder kiffst, dann ist das überhaupt kein Zeichen von Stärke. Im Gegenteil, es ist ein Zeichen von Schwäche. Auch ist es nicht männlich, wenn du deine Sorgen, Unsicherheiten und Probleme durch Alkohol und andere Suchtmittel betäuben musst. Dieser Glaube ist unreif und machistisch. Deine männliche Stärke muss nicht zur Schau gestellt werden. Schon gar nicht auf diese Art und Weise.

Wenn du schon ein starker Kerl sein willst, solltest du darauf verzichten, dir und anderen etwas beweisen zu müssen. Achte lieber auf deine Gesundheit oder setze dir Motivationsziele im Sport. Und grenze dich von Freunden, die dich dazu verleiten wollen, ab. Natürlich spricht nichts dagegen, Dinge auszuprobieren. Aber das sollte zu keiner Regelmäßigkeit werden. Noch sollte es vor deinen Freunden ein Beweis deiner Männlichkeit sein. Das ist albern. Du bist stark, wenn du die Finger von ungesunden Suchtmitteln lassen kannst.

Wie gesagt, wirst du sicherlich manches ausprobieren und mal ein Bier oder einen Wein trinken, wie es auch deine Eltern ab und zu machen. Das ist vollkommen in Ordnung. Schließlich möchtest du herausfinden, ob und wie es schmeckt. Doch selbst, wenn du Gefallen daran findest, solltest du es nicht übertreiben. Alkohol ist zwar legal, aber das bedeutet nicht, dass er keine Sucht auslösen kann. Auch sind Bier, Wein & Co. keineswegs gesund, wenn du sie regelmäßig konsumierst. Kenne dein Limit und betrinke dich nicht jedes Wochenende auf einer Party. Gleiches gilt für Drogen: Hier solltest du am besten komplett die Finger von lassen. Denn einige Drogen machen nach ein paar Malen bereits stark abhängig. Du kommst dann nicht mehr davon los. Und das willst du sicher nicht. Ein Ausprobieren ist in Ordnung, aber bedenke, dass du leicht die Kontrolle verlieren kannst. Und das kann schlimme Folgen haben.

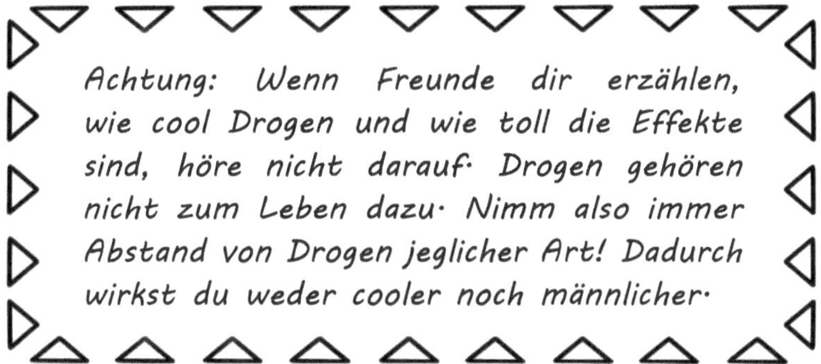

Mobbing und Gewalt, davon distanziere ich mich!

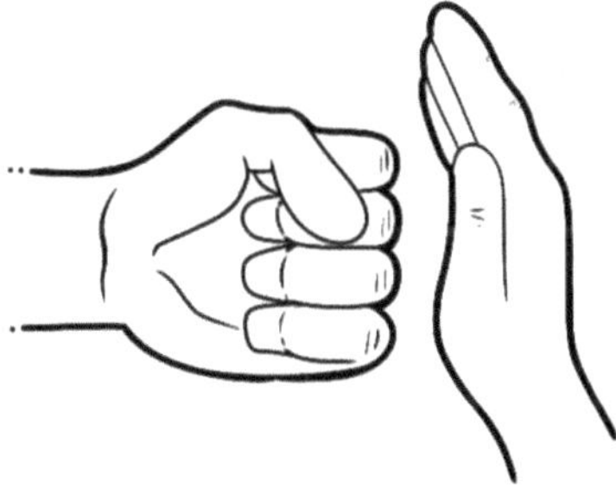

Distanziere dich in diesem Zusammenhang auch unbedingt von Gewalt. Wenn deine Kumpels von dir verlangen, mit ihnen gemeinsam gewaltsam zu sein oder gewalttätig zu handeln – egal, in welcher Form –, sage deutlich Nein! Vor allem, wenn sich die Gewalt gegen andere Personen richtet, die als Außenseiter und Schwächlinge wahrgenommen werden. Damit baust du dein Selbstwertgefühl nicht auf. Und du schadest damit anderen Personen enorm. Oft passiert Selbstmord bei Jugendlichen aufgrund von Mobbing. Du weißt sicher schon, was Mobbing bedeutet. Mobbing kann viele Formen haben. Du kannst mit Worten jemanden hänseln und fertigmachen oder denjenigen körperlich angreifen. Vielleicht weil er oder sie als Schwächling oder Streber angesehen wird, weil er oder sie gut in der Schule ist oder er oder sie aufgrund des Aussehens anders ist. Glaub mir, niemand will das durchmachen und erleben, und auch du möchtest sicher nicht gemobbt oder Gewalt ausgesetzt sein.

Manchmal wissen deine Freunde, die andere immer wieder schikanieren, selbst nicht, was sie stört. Traurig, aber wahr! Sie haben einfach nur Freude daran, anderen wehzutun. Wenn du Gewalt und Mobbing miterlebst, musst du unbedingt mit Erwachsenen darüber reden, auch wenn es dich nicht selbst betreffen sollte. So etwas Schlimmes darf nicht unter den Teppich gekehrt werden! Und wenn du die Betroffenen kennst, solltest du helfend und unterstützend eingreifen und nicht wegschauen. In vielen Fällen wissen Betroffene sich nämlich nicht zu helfen und haben Angst vor den Drohungen der Täter. Lass dich nicht von deinen Kumpels einschüchtern und rede darüber, wenn so etwas vorkommt. Auch, wenn du selbst gemobbt wirst. Denn dann brauchst du unbedingt Hilfe von außen!

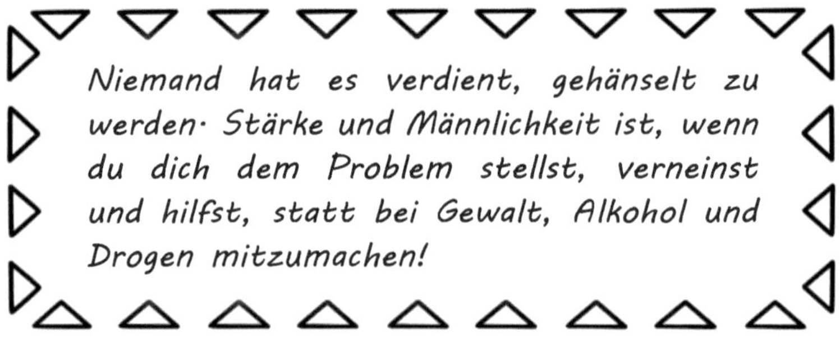

Du suchst dir deine Männlichkeit aus

Natürlich ist das Jungensein in der Pubertät nicht immer einfach. Denn es ist eine Zeit, in der du anfängst, dich selbst zu definieren und als junger Mann darzustellen. Doch vergiss nicht, dass das Jungensein nichts weiter ist als eine soziale Konstruktion und ein Prozess, den du als Junge so gestalten kannst, wie du willst. Du musst keiner Norm folgen oder dich dem traditionellen Männerbild verpflichtet fühlen. Weißt du, als Junge und später als Mann hast du die Möglichkeit, zahlreiche Lebenswelten zu erforschen und viele Lebensweisen zu leben. Männlichsein ist nichts Festgefahrenes, sondern bietet dir Spielraum zur individuellen Selbstbestimmung und Ausgestaltung dessen, was du, und nur du, unter Männlichkeit überhaupt verstehst.

Vielleicht gehört zu deinem Männlichsein auch Weiblichkeit dazu, die du zum Beispiel durch Balletttanz oder lackierte Fingernägel ausdrückst. Vielleicht bist du sensibel und hast ein Herz für Mitmenschen und Tiere. Männlichkeit ist so vielfältig wie die Menschen selbst. Es gibt zahlreiche gute und moderne Varianten, die auch Andersartigkeit, Homosexualität und Feminismus miteinbeziehen.

Deine Männlichkeit als Junge lässt sich also nicht einfach so von außen bestimmen. Auch wenn dir das vielleicht einige Freunde oder erwachsene Männer in deinem Umfeld wahrmachen wollen.

Und deine körperliche Männlichkeit? Viele Jungs in deinem Alter stählen ihre Muskeln und gehen ins Fitnessstudio, um ihre Männlichkeit zum Ausdruck zu bringen. Aber diese Jungs stellen ihre Männlichkeit dadurch nur künstlich her. Das heißt nicht, dass du nicht ins Fitnessstudio gehen oder Muskeltraining machen sollst. Aber du solltest hinterfragen, aus welchen Gründen du das tust. Willst du dadurch männlicher wirken oder dich mit anderen Jungs messen? Oder bist du einfach nur sportlich ambitioniert und willst etwas für deine Gesundheit und Fitness tun? Verstehst du den Unterschied?

Weißt du, wir leben in einer modernen und (meistens) weltoffenen Gesellschaft. Du bist nicht mehr daran gebunden, einem bestimmten Bild vom Mannsein zu entsprechen. Und das traditionelle Rollenbild ist längst nicht mehr verbindlich. Du bist von dem Zwang befreit, so zu sein wie dein Vater oder Großvater. Du kannst selbst wählen, wie deine Männlichkeit aussehen soll. Natürlich kannst du dich von bestimmten Idealen und Werten, die in deinem Umfeld vermittelt werden, nie ganz freimachen: Denn bestimmte Männlichkeitsnormen werden in der Schule, den Medien und der Werbung zum Ausdruck gebracht. Doch du kannst diese hinterfragen und dich mit ihnen kritisch auseinandersetzen. So kannst du bestimmte Einstellungen und Verhaltensweisen verändern.

Warum ist es so wichtig, dass ich das Jungensein und die Männlichkeit hinterfrage? Muss ich das in der Pubertät denn wirklich schon tun? In der Pubertät festigst du deine Persönlichkeit und deine Weltansichten sowie dein Männlichkeitsbild. Es ist deshalb wichtig, dass du dich mit dem Thema auseinandersetzt. Vielleicht redet ihr bereits in der Schule darüber. Aber auch unabhängig davon ist es wichtig, dass du weißt, dass über viele Jahrhunderte ein stereotypisches Bild von Männlichkeit anerzogen und gelehrt wurde. Das hat vielen Jungs und Männern geschadet. Sie wussten nicht, wie sie mit Gefühlen, Mitgefühl und Krisen umgehen sollen, und hatten gelernt, dass sie in allen Belangen das „stärkere" Geschlecht seien. Doch mit diesem Männlichkeitsbild waren sie auch Gefangene ihres Selbst. Denn sie durften sich nicht so ausdrücken, wie sie wollten, nicht so anziehen, wie sie wollten, nicht bestimmten Lebensformen nachgehen, die sie leben wollten. Zum Glück hat sich das heute geändert.

Männlich in der Schule?

Oft stehst du als Junge vor der Herausforderung oder sogar der Forderung, als Schüler männlich sein zu müssen. Du fühlst dich, als wäre das gar nicht machbar, und es überfordert dich vielleicht. Entweder du gibst dich total cool und männlich und vernachlässigst die Schule oder du inszenierst dich männlich, indem du Mädchen in deinem Alter abwertest, um dich und deine Kumpels aufzuwerten. Das ist auch keine Lösung. Also, was kannst du tun?

Verstecke dich nicht hinter einem männlichen Selbstverständnis. Es stimmt nicht, dass Jungs besser sind oder mehr können als Mädchen. Auch hat Leistung in der Schule nichts mit Begabung zu tun. Fleiß und Lernen sind sowohl bei Mädchen als auch bei Jungs die Voraussetzung für gute Noten. Jungensein bedeutet in der Schule nicht, dass du dir nichts von Mädchen sagen lassen oder keine Schwächen zeigen sollst. Ebenfalls stimmt es nicht, dass Folgsamkeit nur mädchenhaft ist und Jungen, die folgsam sind, mädchenhaft sind. Verabschiede dich von all diesen Klischees. Du musst schulischen Regeln genauso folgen wie die Mädchen und dich den erwachsenen Lehrkräften unterordnen. Auch wenn du nicht immer mit ihnen übereinstimmst. Du bist zudem genauso wie Mädchen dazu aufgefordert, zu üben und zu lernen. Das bedeutet für dich als Junge, dass es okay ist, dir Hilfe zu holen und auch mal einen Misserfolg zu akzeptieren. Signalisiere offen, wenn du etwas nicht verstehst oder Lernbedarf hast. Das ist keine Schwäche, sondern Stärke.

Und was deine körperliche Stärke betrifft, nimmt diese in der Pubertät zwar extrem zu, doch musst du diese nicht in der Schule demonstrieren. Besonders, wenn du bedeutend stärker bist als andere. Sei reif genug und bleibe auf dem Boden der Tatsachen. Deine Stärke solltest du nicht gegen andere Menschen oder Mitschüler richten. Lasse dich auch nicht zu dummen Raufereien überreden, selbst wenn der Anlass verlockend ist.

Jungs und Mädchen sollten immer gleiche Chancen im Leben haben.

Jeder Junge sollte in seiner Ausgestaltung seiner Männlichkeit frei sein.

Du bist du! Lass dich nicht von anderen Jungs zum klischeehaften Objekt machen!

Lebe und respektiere deine eigenen Lebens- und Identitätsentwürfe sowie die von anderen!

Schätze deinen Körper wert, so wie er ist, auch wenn er nicht dem männlichen Ideal entspricht.

NEIN SAGEN - UNBEDINGT!
NEIN
STOP

Kleines Pubertätslexikon:

sexueller Missbrauch = sexuelle Handlungen, die gegen deinen Willen vorgenommen werden oder denen du nicht zustimmen kannst

sexuelle Belästigung = wenn jemand deine Grenzen überschreitet, dich mit körperlichen Berührungen belästigt oder mit dem, was er sagt

Übergriffe = Handlungen, gegen die du dich nicht wehren kannst

Selbstbewusstsein = wissen wer du bist, was für Eigenheiten, Stärken und Schwächen du hast

Du hast das Recht, Nein zu sagen. Jedenfalls in bestimmten Situationen. Wenn deine Eltern für dich eine Entscheidung treffen oder dir etwas verbieten, dann kannst du natürlich nicht einfach Nein sagen. Du bist noch zu jung, um bestimmte Entscheidungen alleine fällen zu können. Das bedeutet jedoch nicht, dass du ihnen nicht mitteilen kannst, wie es dir mit ihrer Entscheidung geht. Du solltest zudem abwägen, ob es sich um eine Bitte oder ein Gebot handelt. Wenn dich jemand um einen Gefallen bittet, kannst du natürlich aus freien Stücken Nein sagen. Überlege dir also, ob du Ja oder Nein sagen möchtest. Bei Personen, die du nicht so gut kennst, hilft dir meistens dein Bauchgefühl bei einer Entscheidung. Wenn dir etwas unangenehm ist, dann ist das ein deutliches Zeichen dafür, dass du Nein sagen solltest. Damit setzt du Grenzen und zeigst anderen Leuten, was deine Bedürfnisse sind und was du einfach nicht willst.

Wenn deine Kumpels dich nachmittags treffen wollen und du keine Lust oder keine Zeit hast, dann darfst du ihnen absagen. Höre immer zuerst auf dich und das, was du gerade brauchst. Lerne, Nein sagen zu dürfen! Ja, das mag zuerst schwerfallen. Doch beim Nein-Sagen geht es immer um dich. Und nicht darum, die anderen nicht enttäuschen zu wollen. Leider kannst du es nicht immer allen recht machen. Überlege einmal, wie viele Leute zu dir jeden Tag Nein sagen! Auch, wenn du manchmal über das Nein enttäuscht oder traurig bist, hast du diese Menschen nicht weniger lieb.

Stärke dein Selbstbewusstsein: Das bin ich wert!

Die „Wer bin ich?"-Frage ist eine offensichtliche Frage in der Pubertät. Und gleich danach folgt die Frage: „Wie komme ich bei den anderen an?" Das sind typische Identitäts- und Geschlechterfragen, die sich viele Jungs in deinem Alter stellen. Und genau wie du sorgen sie sich, dass sie nicht genug wahrgenommen oder akzeptiert werden. Und ein Urteil eines anderen kann leicht dazu führen, dass du in einen Konflikt mit dir selbst gerätst. In der Folge versuchst du, dich anzupassen, und unterdrückst dabei den Wunsch, dich so zu zeigen, wie du bist. Mangelndes Selbstbewusstsein und fehlendes Selbstvertrauen helfen dir nicht weiter. Du solltest dir selbst genug wert sein und abwägen, welche Werte für dich wichtig sind und warum du bestimmte Ideen, Ideale und Vorstellungen wertschätzt. „Anpassung" ist jedenfalls kein Wert und sie steht in ihrer Wertigkeit auch nicht höher als deine Autonomie.

In der Kindheit und Pubertät oder auch als junger Erwachsener bist du natürlich nicht immer ein selbstbewusster Junge. Schließlich suchst du nach deiner eigenen Identität. Diese ist in der Pubertät stark auf den Körper und die körperlichen Veränderungen zentriert. Hier solltest du vorsichtig sein und dich nicht zu sehr an medialen Schönheitsidealen und Körperbildern orientieren. Das kann dein Selbstwertgefühl stark beeinträchtigen. Weder dein Selbstwert noch der von anderen Jugendlichen bemisst sich an fragwürdigen Schönheitsidealen! Und wenn dein Körper zwischendurch mal lang und schlaksig wirkt oder ein Arm länger als der andere ist, versuche, dich so anzunehmen wie du bist. Dein Körper ist außerdem im Ausnahmezustand – und dieser geht bald wieder vorbei. Dann bist du plötzlich ein erwachsener Mann.

Es ist wichtig, dass du dich selbst liebst und du gut zu dir bist. Vertraue deinen Stärken. Das ist ein wichtiger Punkt, um selbstbewusster zu werden. Das bedeutet, dass du deine Meinungen standhaft vertrittst und verteidigst und deine Bedürfnisse ernst nimmst. Du hast so viele wunderbare und tolle Fähigkeiten und Eigenschaften. Und sicher auch das eine oder andere Talent! Lass all das aufblühen.

Merke dir: Egal, wie schwer die Veränderung gerade zu ertragen ist, vergleiche dich nicht mit anderen Jungs. Besonders nicht mit denen, die in der Pubertät schon weiter sind. Sonst findest du dich nicht mehr gut und hinterfragst dein eigenes Ich oder fängst an, dich zu bewerten. Und manche Fragen, die in dir hochkommen, kannst du noch nicht beantworten. Denn du steckst in einem Prozess. Glaube an dich und das, was du draufhast. Sei stolz auf dich, wenn du etwas Tolles geleistet oder erreicht hast, und freue dich darüber.

Viele Jungs sind in der Pubertät sehr stark selbstkritisch. Sie hinterfragen sich, ihren Körper, ihre Gefühle und ihr Aussehen und denken viel darüber nach. Meistens haben sie ein Idealbild im Kopf. Wenn sie dann feststellen, dass sie dem nicht entsprechen, kann das eine Selbstwertkrise auslösen.

Vermeide deshalb Sätze wie „Ich bin anders und mit mir stimmt etwas nicht", „Die anderen finden mich doof" oder „Ich kann aber auch gar nichts". Das sind negative Gedanken, die deinen Selbstwert zerstören und davon abgesehen auch nicht stimmen.

Die Pubertät ist nun mal ein Auf und Ab. In einem Moment bist du zu Tode betrübt, und im anderen Augenblick wieder total glücklich.

Dein Selbstbild ist noch nicht gefestigt, aber jede positive Äußerung zu deiner Person festigt das Selbstbild und Selbstbewusstsein. Du darfst auch selbst die Person sein, die sich positiv über sich selbst äußert.

NEIN sagen bei sexueller Gewalt

Ein Thema, mit dem du dich auch als Junge befassen musst, ist sexuelle Belästigung. Zwar betrifft dich dies weit weniger als Mädchen, doch auch Jungs können Opfer sein. Dieses Thema müssen wir deshalb in diesem Buch kurz ansprechen. Darüber zu lesen, ist zwar nicht schön, aber du solltest wissen, wie du dich schützen kannst. Und was du tun kannst, wenn du Opfer von sexueller Gewalt geworden bist. Denn Missbrauch ist leider weiterhin ein Thema in unserer Gesellschaft. Natürlich muss dir nichts passieren. Aber es ist einfach gut, wenn du darüber Bescheid weißt und aufgeklärt bist. Denn selbst ein handgreifliches Vergehen von jemandem oder eine Manipulation kann ein Missbrauch sein und bei dir ein Trauma auslösen.

Viele Jungs, wie sicher auch du, haben heute ein Smartphone. Damit bist du in virtuellen Chats und auf Social-Media-Kanälen unterwegs. Dort passiert so viel, dass sogar sexuelle Gewalt möglich ist. Zum Beispiel, wenn dich jemand mit pornografischen Bildern belästigt. Wenn dir das passiert, schau nicht weg, sondern hole dir sofort Hilfe!

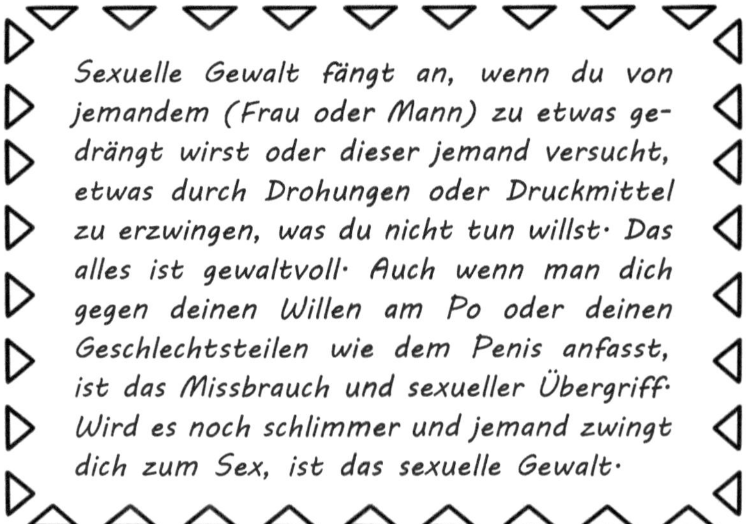

Um dich, so gut es geht, vor Gewalt und Missbrauch zu schützen, ist es wichtig, dass du dich ganz ernst nimmst, mit allem, was du fühlst, und deinem Gefühl vertraust, wenn du etwas wie eine Berührung nicht magst oder sich diese komisch anfühlt.

Stelle dir deine Gefühle wie eine Ampel vor. Grünes Licht taucht auf, wenn du ein Ja in dir spürst. Dann fühlst du dich wohl. Auf Gelb schaltet deine innere Gefühlsampel, wenn du nicht so richtig weißt, was eigentlich los ist. Und auf Rot schaltet die Ampel, wenn du ganz deutlich ein Nein in dir spürst. Deine inneren Alarmglocken klingeln dann.

Denke immer daran, was du willst, nicht daran, was der oder die andere will, und beschütze deinen Körper. Das ist wichtig. Darauf hast du ein Anrecht und das darfst du.

Um auf dich aufzupassen, solltest und darfst du jederzeit weglaufen. Hole auch Hilfe! Alles, was hilft, damit dir niemand wehtut, ist in Ordnung.

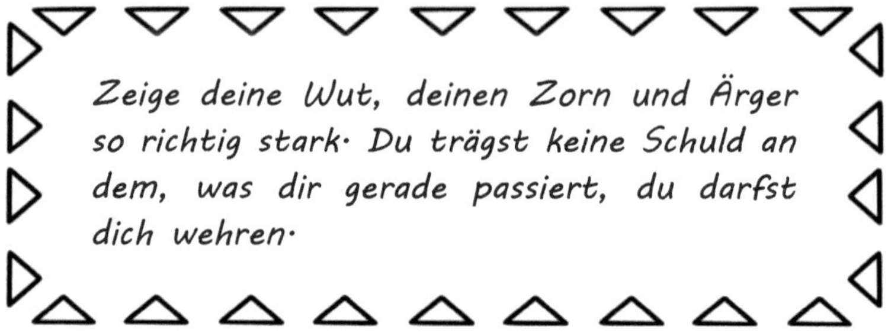

Jungs lernen meistens durch ihre Erziehung, dass sie Probleme selbst meistern müssen. Zudem sollten sie kein großes Aufsehen machen, wenn es um unangenehme Erfahrungen geht. Noch immer herrscht der Gedanke vor, dass Männer das starke Geschlecht sein müssen. Dadurch fällt es vielen Jungs schwer, zuzugeben, wenn sie Opfer von jemandem oder etwas geworden sind. Sie investieren viel Energie, um das zu leugnen, oder sie verharmlosen die Situation. Erkennst du dich darin wieder? Weißt du, es ist verständlich, dass das Opfersein Angst macht. Denn du fühlst dich vielleicht dumm und schwach und ärgerst dich darüber, dass es dir nicht gelungen ist, etwas, das dich verletzt hat, zu verhindern. Du fühlst dich einfach machtlos. Doch einige Situationen im Leben kann man nicht verhindern. Dass du dich ohnmächtig fühlst, ist normal. Denn das Gefühl, die Kontrolle verloren zu haben, gefällt niemandem. Noch dazu, wenn dir jemand Gewalt angetan hat oder du verletzt wurdest. Dennoch solltest du dich nicht zurückziehen und dich isolieren, sondern die Hilfe von anderen aufsuchen! Du musst nichts, was dir passiert ist, beschönigen oder verharmlosen.

Wer oder was hilft dir, wenn du ein Problem hast?

Vielleicht kennst du das: Nicht immer, wenn dir etwas passiert ist, möchtest du dich jemandem anvertrauen, der dir nahesteht. Wenn das der Fall ist, kann es helfen, mit einer Person zu sprechen, die du nicht kennst, die sich aber gut mit Problemen, Sorgen und

Gefühlen von Kindern auskennt und dir sehr aufmerksam zuhört. Auch deine Großeltern, deine Tante, eine Lehrkraft oder Freunde von dir können gute Zuhörende sein. Sag ihnen, was bei dir los ist. Sie werden dir zuhören und können auch Hilfe holen! Nutze auch die Telefon-Seelsorge für Kinder, die unter der Nummer **116111** zu erreichen ist. Diese solltest du am besten in deinem Handy speichern und dort anrufen, wenn du Hilfe suchst. Tue das erst, wenn derjenige, der dir Gewalt angetan hat, weg ist oder schläft. Du erreichst dort immer montags bis samstags zwischen 14 und 20 Uhr jemanden, der dir zuhört und dir hilft.

Ist bei dir zu Hause gerade niemand da, dann renn zu den Nachbarn und klingle dort, damit sie dir helfen. Du kannst auch zur Polizei gehen, denn schließlich bist du in Not. Nutze zudem die Hilfsangebote vor Ort. In Berlin gibt es zum Beispiel die Organisation „Berliner Jungs", die Jungs, die missbraucht wurden oder Gewalt erlitten haben, hilft. Sie ist unter der Telefonnummer: 030 236 33 983 oder unter: www.hilfe-für-jungs.de zu erreichen.

Nochmals, du hast Rechte:

- Du hast Rechte und entscheidest, welche Berührungen angenehm und welche unangenehm für dich sind.

- Du darfst nicht schlecht gemacht oder diskriminiert werden. Du darfst Nein sagen!

- Du bist nicht schuld, wenn deine Rechte verletzt werden. Die erwachsene oder ältere Person, die dir das antut, weiß sehr wohl, dass sie das nicht darf und es nicht in Ordnung ist.

- Du hast ein Recht auf Schutz und Fürsorge.

- Dein Körper gehört dir, du darfst über ihn selbst bestimmen. Niemand darf dir wehtun.

- Überlege dir, wer dir helfen könnte, und gib nicht auf.

- Lerne, „Stopp" zu sagen. Beobachtet dich ein Mann oder spricht er dich an, dann geh weg! Sage Erwachsenen Bescheid, die sich in der Nähe aufhalten und erzähle deinen Eltern davon. Lehne Geschenke von Fremden ab, und wenn jemand versucht, dich von Freunden zu trennen, lehne es ab!

Gewalt bei dir zu Hause: Eine Ohrfeige ist nicht in Ordnung

Sexuelle Gewalt, Übergriffe, körperliche Gewalt oder einfach nur eine Ohrfeige: Wenn diese Dinge bei dir zu Hause passieren, ist das nicht in Ordnung. Leider kommen Gewalthandlungen oft im eigenen Zuhause vor. Meistens passiert das, wenn deine Eltern überfordert sind. Oder sie haben Angst bekommen. Aber auch, wenn sie sauer über etwas sind, das du getan hast, kann es sein, dass der Haussegen schiefhängt. Das heißt aber nicht, dass sie dich demütigen oder dir Schaden zufügen dürfen. Klar, dass deine Eltern mit dir schimpfen, ist normal. Auch, dass sie mal laut werden. Aber eine Ohrfeige dürfen sie dir nicht einfach so geben. Das ist eine Gewaltanwendung und sogar gesetzlich verboten. Weder deine Eltern noch deine Großeltern dürfen das tun. Auch dürfen sie nicht fest zupacken, dich festhalten, festgurten, fesseln oder einsperren. Das ist ebenso falsch und unzulässig. Wenn dich in deiner Familie jemand körperlich verletzt, dich sexuell bedrängt, missbraucht oder übergriffig wird, dann ist es ganz wichtig, dass du weißt, dass du keine Schuld daran hast. Allein der Täter in der Familie macht sich schuldig. Vergiss nie: Dein Körper gehört dir. Niemand hat das Recht, dich zu irgendetwas zu zwingen! Du, und nur du, entscheidest, wer, wie und ob dich jemand anfassen darf.

- Eine gute Anlaufstelle für dich, wenn du in deiner Familie Gewalt erlebst, ist auch hier die Nummer gegen Kummer: 116111.

Deine Grenzen klar definieren

Viele Menschen, die wenig selbstbewusst sind, haben Probleme, eigene Grenzen, aber auch Sehnsüchte und Wünsche klar zu äußern. Ängste und Frustrationen sind die Folge. Zudem fällt es jedes Mal schwerer, sich zu verteidigen und zu wehren. Deshalb ist es wichtig, dass du lernst, Grenzen zu setzen. Denn allzu gerne werden diese von anderen überschritten. Und zwar nicht nur, wenn es um Gewalt, Missbrauch und sexuelle Belästigung geht. Auch im Alltag passiert es immer wieder, dass jemand deine Grenzen missachtet.

Wann deine Grenzen überschritten werden, kannst nur du wissen. Denn nur du weißt, was für dich okay ist, wie weit du in einer Beziehung oder Freundschaft gehen willst, was du magst, nicht magst, wann du dich wohlfühlst, wann nicht, und was du akzeptierst. Wenn jemand deine Gefühle, Meinungen, Wünsche und Bedürfnisse nicht respektiert oder dir droht, überschreitet diese Person deine Grenzen. Aber auch, wenn dir etwas zu schnell geht und dich jemand weiterhin drängt, das zu tun. Das setzt dich unter Druck oder verletzt dich. Passiert das, solltest du das mit der Person besprechen und ihr sagen, dass deine Grenzen überschritten wurden. Formuliere alles immer so klar wie möglich: was du gerade brauchst, was du magst und was du nicht magst. Nicht immer kann die andere Person deine Grenzen automatisch erkennen. Kommunikation ist deshalb immens wichtig. Denn, wenn du schweigst und dich nicht verteidigst, wird die Person in Zukunft noch weiter gehen oder einfach so weitermachen wie bisher. Du bist der Person dann schutzlos ausgeliefert. Deswegen ist es wichtig, dass du deine eigenen Grenzen wahrst! Übrigens: Sollte die Person weiterhin deine Grenzen überschreiten, obwohl du klar ausgedrückt hast, dass das zu weit geht, musst du überlegen, ob du weiterhin Kontakt oder eine Freundschaft mit dieser Person haben möchtest. Dann ist es möglicherweise sinnvoll, Abstand zu nehmen oder die Beziehung zu beenden.

Wie kann ich Grenzen klar und deutlich formulieren? Mit diesen Sätzen kannst du dir schon einmal behelfen: *„Jetzt bist du mir zu weit gegangen." „Ich will das so nicht, das ist mir unangenehm." „Es ist nicht in Ordnung, wenn du das tust oder sagst." „Lass das bitte und mach das nicht wieder." „Du … ich weiß, du meinst es gut, … aber hier geht es mir viel zu schnell, so gut kennen wir uns doch nicht."* Falls das nicht hilft, solltest du unbedingt nachdrücklicher werden und zum Beispiel Folgendes sagen: *„Pass auf, wenn du das noch einmal machst, bekommst du ein ernsthaftes Problem mit mir."*

Hier ein paar Ideen für dich, was in Freundschaften und Beziehungen in Ordnung ist und was nicht.

In Ordnung:

- Offen miteinander sprechen

- Ehrlich zueinander sein

- Die Grenzen des anderen akzeptieren

- Rücksicht aufeinander nehmen

- Gefühle und Wünsche des anderen akzeptieren, respektieren und ernst nehmen

- Nein sagen

Nicht in Ordnung:

- Die Wünsche und Bedürfnisse des anderen nicht akzeptieren

- Druck ausüben

- Jemandem drohen oder ein schlechtes Gewissen machen

- Grenzen überschreiten

- Ein Nein ignorieren oder überhören

- Dinge tun, die dem anderen nicht gefallen

- Unerwünschte Berührungen

- Respektlos sein oder handeln

Tipp: Wenn du mehr über Grenzen setzen lernen willst oder nach Beispielen für weitere Grenzüberschreitungen suchst, dann sieh dich mal im Internet auf www.was-geht-zu-weit.de um.

Es ist in Ordnung, dass du fühlst, was du fühlst

Jetzt kommt ein Satz, der leicht gesagt, aber schwer umzusetzen ist: „Es ist in Ordnung, dass du fühlst, was du fühlst!" Das wirklich zu glauben und zu verinnerlichen, ist deine wichtigste Aufgabe in der Pubertät. Denn, wenn du das ganz tief in dir drin spürst, bist du bereit, ein Erwachsener zu werden. Niemand kann etwas für seine Wünsche und Bedürfnisse. Sie sind auch bei jedem anders. Das ist Teil unserer Natur und das macht dich einzigartig. Dass du manche Dinge nicht magst, nicht mehr magst oder wieder magst, ist ebenfalls Teil deiner Persönlichkeit. Du musst dich für nichts schämen oder wegen etwas schlecht fühlen. Auch muss dir nichts peinlich sein. Lache viel! Das ist die beste Medizin gegen all diese unerwünschten Gefühle und Gedanken.

Natürlich solltest du die Grenzen deiner Eltern, Freunde und Mitmenschen akzeptieren. Und genauso sollten sie deine Bedürfnisse ernst nehmen! Und wenn sie das nicht tun, ist es deine Aufgabe, für dich einzustehen, deine Grenzen zu zeigen und für dein Wohl zu sorgen. Nimm dich mit all deinen Gefühlen an. Kümmere dich um dich selbst, treibe Sport und tue Dinge, die dir guttun. Dann bist du emotional stabil und kannst leichter Nein sagen und akzeptieren, wenn du dich in einem bestimmten Moment traurig, wütend oder durcheinander fühlst. Schlucke deine Gefühle bitte nicht herunter, sondern rede mit jemandem darüber. Hole dir Rat, denn du bist nicht alleine.

Beobachte dich auch im Alltag. Viel zu oft machen wir uns nämlich selbst schlecht und entwickeln dadurch negative Gedanken. Wenn du dich aber mit allen Stärken und Schwächen, Höhen und Tiefen akzeptierst, so wie du bist, wirst du jeden Sturm überleben.

Mach dir keine Vorwürfe, wenn du dich mal schlecht fühlst oder du niedergeschlagen bist. In bestimmten Situationen ist es völlig in Ordnung, dass du dich schlecht fühlst. Das ist sogar ein wertvoller Schutzmechanismus. Oder besser ausgedrückt, ein Alarmsystem, das dir sagt: „Achtung, meine Grenzen wurden überschritten!"

Wenn andere dir sagen, dass mit dir etwas nicht in Ordnung ist oder dass das, was du fühlst oder denkst, falsch ist, dann sagen sie dir indirekt, dass du diese Gefühle nicht haben solltest. Erinnerst du dich? Das ist eine Grenzüberschreitung. Sie respektieren deine Gefühle nicht.

Mache es dir stets zur Aufgabe, Nein zu sagen. Wenn du etwas nicht in Ordnung findest und merkst, dass das zu weit geht und deine Grenzen überschreitet – vor allem im sexuellen Bereich –, sage ganz laut Nein. Besser noch, schreie es heraus!

Das Coole am Erwachsenwerden

Die Pubertät ist nicht nur ätzend. Sie hat viele positive Seiten. Du wächst zu einem coolen Erwachsenen heran. Du veränderst dich geistig und körperlich und wirst zu einem Mann. Dein Charakter formt sich, du bekommst neue Gefühle, hast unzählige Ideen und neue Weltansichten. Und du fühlst dich einfach stark und lebendig. Du begibst dich auf die Suche nach deiner Identität und fängst an, dich von deinen Eltern zu lösen und dich an Gleichartigen zu orientieren. Du bist immer mehr außer Haus, triffst dich mit Freunden und genießt deine Freiheiten.

Du lernst, unabhängiger und selbstständiger zu werden. Plötzlich sind dir Themen wie Politik, Klimaschutz, Umweltschutz oder Tierschutz wichtig. Du trägst deine Persönlichkeit zudem immer mehr nach außen und unterstreichst sie mit einem bestimmten Styling und Outfit. Und wahrscheinlich hast du Lust, Verschiedenes auszuprobieren. Egal, was es ist, lebe die Pubertät mit all ihren Phasen aus. Es ist der Moment in deinem Leben, in dem du als Jugendlicher herausfindest, wer du als Erwachsener sein möchtest. Dieser Moment der Selbstfindung und der Experimente ist spannend und aufregend. Denn theoretisch ist so gut wie alles möglich.

Fülle dein Leben mit Spaß!

Sei es Sport, irgendeine Leidenschaft oder eine Freizeitbeschäftigung, fülle dein Leben mit Spaß! Die meisten Tätigkeiten unterstützen dich zudem in deiner Entwicklung und sorgen für Abwechslung. Wenn du für etwas leidenschaftlich brennst, kannst du damit deine negativen Gefühle ausbalancieren und dich erden. Schließlich besteht dein Leben nicht nur aus Schule, Hausaufgaben und Lernen. Es ist immer wichtig, einen Ausgleich zu schaffen. Dann fühlst du dich auch nicht so schnell schlapp.

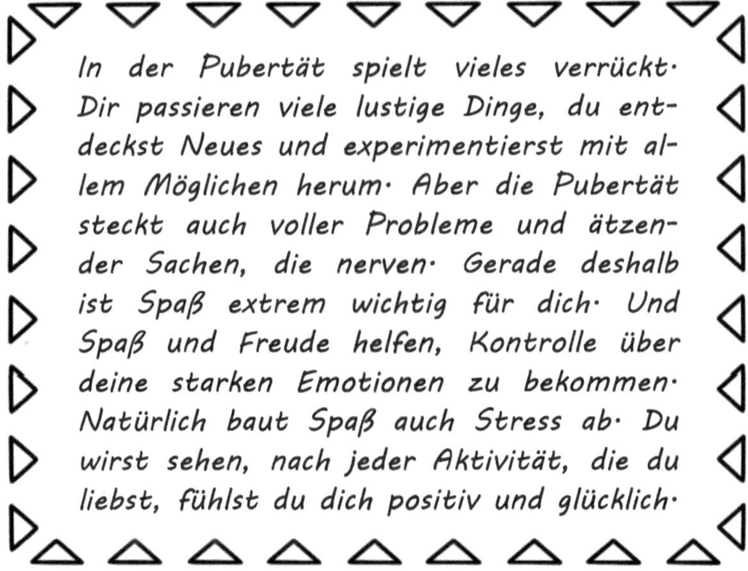

Wusstest du, dass deine Psyche in der Pubertät manchmal durchdreht und du deine Emotionen nicht mehr kontrollieren kannst? Wut und Ärger lassen sich nicht zu 100 Prozent vermeiden. Aber durch Sport, Spaß und tolle Freizeitaktivitäten kommen Aggressionen weniger zum Vorschein. Tobe dich aus, lebe, experimentiere und erfahre Neues! Alles, was Spaß, Abwechslung und Ausgleich in deinen Alltag bringt, ist erlaubt! Und es gibt natürlich viele verschiedene Sportarten und Freizeitaktivitäten. Da wirst du garantiert das Passende finden.

Beste Freunde durch dick und dünn

Freundschaften spielen in unserem ganzen Leben eine extrem wichtige Rolle. Schon als kleines Kind hattest du Spielgefährten, die zu deinen Freunden zählten. Ein Leben ohne Freunde ist auch gar nicht vorstellbar. In der Pubertät unterstützen dich deine gleichaltrigen Freunde. Sie verbringen viel Zeit mit dir und du triffst dich mit ihnen in der Freizeit, der Schule und abends. Gemeinsam mit ihnen eroberst du neue Räume, Lebensweisen, Wohnviertel, versteckte Winkel und unbekannte Straßen. Das gemeinsame Herumhängen zählt zu euren liebsten Eigenschaften. Ihr diskutiert stundenlang über Musik, Klamotten und Dinge, die unter Jugendlichen angesagt sind. Zudem vertraut ihr euch Geheimnisse und Erlebnisse an. Deine Freunde sind in der Pubertät wichtige Begleiter auf dem Weg zum Erwachsenwerden. Bei ihnen findest du Verständnis und sie verstehen deine Interessen, Ängste und Unsicherheiten. Ihr helft euch gegenseitig, tröstet euch und verbündet euch gegen den Rest der Welt. Ihr haltet zusammen, geht durch Dick und Dünn und tauscht eure Gedanken aus.

Durch sie lernst du dich besser kennen, und entwickelst dich weiter. Dank ihnen probierst du neue Verhaltensweisen aus und übst dich in Unabhängigkeit. Sie verringern deine Gefühle der Einsamkeit und bringen zudem ein Gefühl der Freiheit mit sich. Aus diesem Grund solltest du deine Freundschaften pflegen und sie nicht für selbstverständlich ansehen.

Enge Freunde sind in der Pubertät wichtig. Du verlässt deine Kindheit und begibst dich auf neues, unbekanntes Terrain. Deine besten Freunde befinden sich in derselben Situation und so könnt ihr euch gegenseitig verstehen und helfen.

Manchmal zerbrechen auch die besten Freundschaften, oder ihr verliert euch aus den Augen. Das ist traurig, aber weißt du, du kannst immer neue Freundschaften schließen: Diese sind mal mehr, mal weniger intensiv.

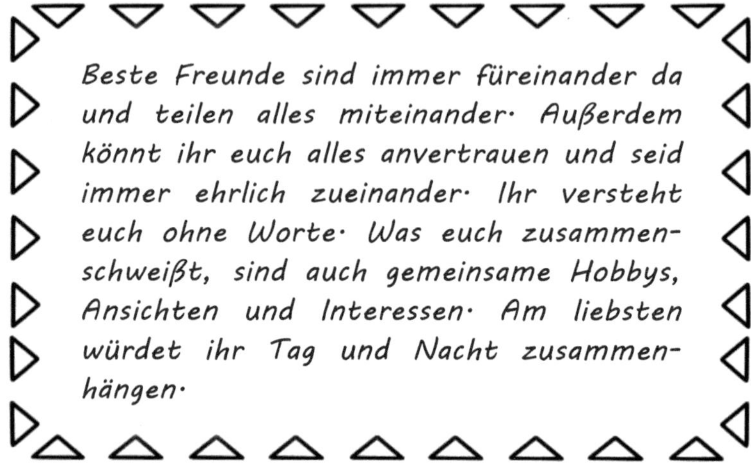

Endlich abends weggehen

Für Jugendliche werden Partys, Bars, Kino, das Ausgehen mit Freunden, Clubs und andere abendliche Veranstaltungen interessant. Und je älter du wirst, umso mehr Lust hast du auch, wegzugehen oder woanders zu übernachten. Du willst das Leben genießen, mit deinen Freunden feiern gehen und Spaß haben. Wenn möglich, auch so richtig lange. Deine Eltern stören sich vielleicht an manchen deiner Vorhaben, und aus gutem Grund stellen sie bestimmte Regeln oder Verbote auf. Denn, selbst wenn du in Partylaune bist, brauchst du als Jugendlicher weiterhin Regeln und musst dich an geregelte Ausgehzeiten halten. Dennoch: Ein Stück Freiheit darfst du schon auskosten, und weggehen und feiern gehören dazu!

Frage aber immer deine Eltern um Erlaubnis. Finden sie, dass du fürs Weggehen noch zu jung bist, kannst du ihnen die Ängste nehmen und sie beruhigen. Wenn du dich zudem an die Absprachen mit ihnen hältst, werden sie dir vertrauen, und dir Stück für Stück mehr Freiheiten geben. Deine Eltern wollen dich mit ihren Regeln und Verboten natürlich nicht bestrafen, sondern schützen. Sie haben Sorge um dich. Wenn sie sehen, dass du Verantwortung übernimmst, werden sie ihre Regeln sicher lockern.

- Für Jugendliche gibt es gesetzliche Bestimmungen, die das abendliche Weggehen einschränken. Im Jugendschutzgesetz ist festgelegt, dass du dich in Gaststätten, Kneipen, Cafés und Bars, bis du 16 Jahre alt bist, nur bis 23 Uhr aufhalten darfst. Zwischen 16 und 18 Jahren darfst du bis maximal 24 Uhr in Bars und Kneipen sein.

- Das Gesetz gilt aber nicht für private Partys und Veranstaltungen. Hier sind es dann deine Eltern, die entscheiden, ob und wie lange du wegbleiben darfst.

Sich von den Eltern abnabeln

Ob du es glaubst oder nicht, für deine Eltern ist es schwer, dich loszulassen. Auf dem Weg ins Erwachsenenalter wollen sie dich weiter beschützen und behüten. Selbst, wenn dir das nicht notwendig erscheint oder du ihr Verhalten überzogen und peinlich findest. Und du hast ein Recht darauf, dir neue Freiräume zu erkämpfen. Das bedeutet nicht, dass du deine Eltern nicht mehr respektierst. Aber du bist in einer Ablösungsphase. Und da entfernst du dich zunehmend von den Sichtweisen und Einstellungen deiner Eltern. Das ist ein notwendiger Vorgang, um ein erwachsener Mann zu werden. Du probierst deine Grenzen aus und lernst so all deine Stärken und Schwächen kennen.

Wenn du irgendwann nicht mehr mit deinen Eltern in den Urlaub fahren willst oder keinen Bock hast, deine Oma zu besuchen, ist das verständlich. Du willst eben lieber mit deinen Freunden abhängen, statt an dem gemeinsamen Familienabend teilzunehmen. Deine Bedürfnisse unterscheiden sich in dieser Phase von denen deiner Eltern. Manchmal kann dein Verhalten zu Widerstand führen und manchmal hast du Lust, gegen alles zu rebellieren, was mit deinen Eltern zu tun hat. Wenn deine Eltern verständnisvoll sind, werden sie dich respektieren. Du kannst aber weiterhin darauf bauen, dass du bei Sorgen und Nöten jederzeit zu ihnen kommen kannst.

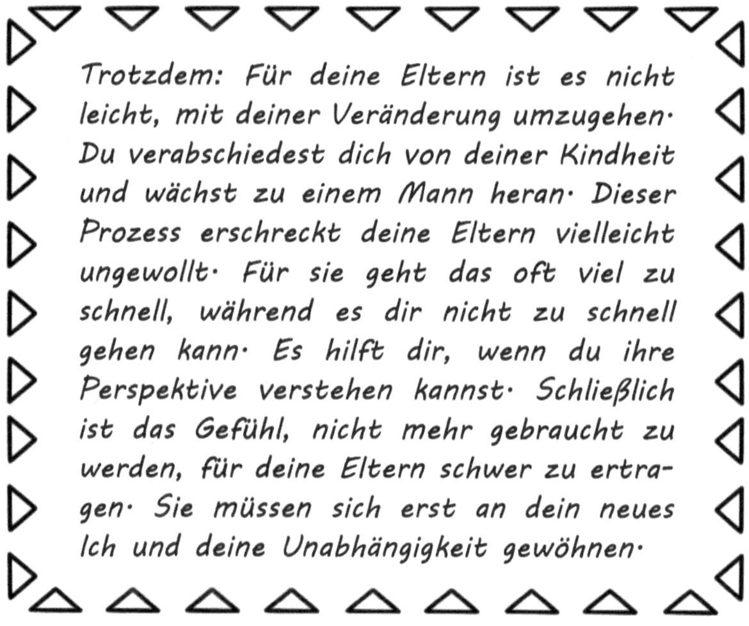

Schlusswort: Jetzt fängt erst alles so richtig an!

Die Pubertät ist definitiv eine große Zeit der Veränderung. Mit der körperlichen Entwicklung beginnt für dich zudem eine neue Phase der Orientierung. Du probierst dich aus und experimentierst mit unterschiedlichen Haarschnitten, Stylings, Kleidungen, Meinungen und vielem mehr. Du machst erste sexuelle Erfahrungen und stellst dir unendlich viele Fragen. Es ist auch eine Zeit der Herausforderungen, denn jetzt strömt viel Unbekanntes und Neues auf dich ein, was dich und deine Kräfte auf die Probe stellt. Zudem musst du dich mit dem Mannsein beschäftigen und dich fragen, wer du als Erwachsener sein willst. Du lernst deine Stärken und Schwächen kennen und beginnst, Verantwortung für dein Handeln zu übernehmen. Genauso wie du das Fahrradfahren übst, übst du dich im Erwachsenwerden. Manches wird nicht auf Anhieb klappen, aber das ist in Ordnung. Du machst deshalb immer mehr Erfahrungen außerhalb der Kontrolle der Eltern, auch wenn sie weiterhin ein wichtiger Bestandteil auf dem Weg in dein selbstständiges Leben als Mann bleiben werden.

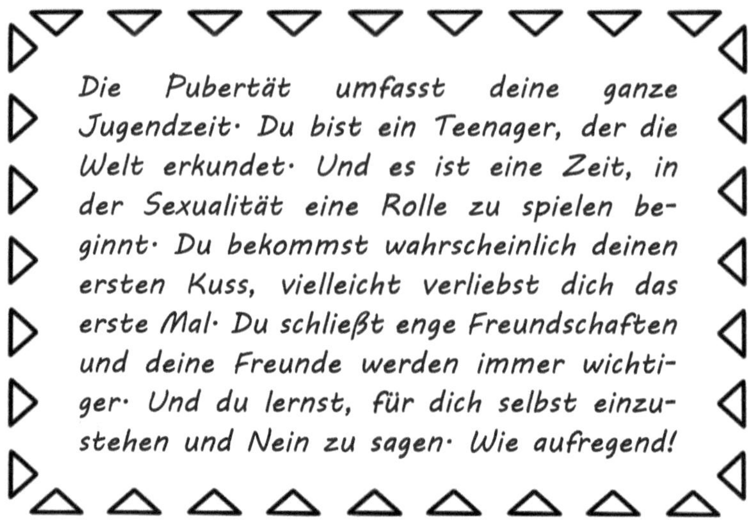

Dieses Buch kann dir eine gute Hilfestellung leisten und dir helfen, den eigenen Körper besser zu verstehen. Lerne ihn so zu lieben, wie er ist. Dann bist du auf einem guten Weg und wirst die Pubertät um einiges leichter meistern können. Sicher gibt es Tage, an denen du vieles zum Kotzen findest. Aber das gehört dazu, denn das Zum-Mann-Werden ist nicht einfach. Nimm die Zeit vor allem mit Humor und denk daran, dass du nicht allein bist. Jeder erwachsene Mensch und alle deine Freunde müssen und mussten ebenfalls die Pubertät durchstehen. Und wie gesagt, die Jugendzeit hat viele schöne und aufregende Seiten, die du unbedingt ausleben und erleben darfst.

LEBE daher in vollen Zügen deine Pubertät und bestimme, wie, wann und wo es langgeht! Wenn du noch mehr zu den Themen im Buch wissen willst, nutze die nachfolgenden Links und Bücher zur Inspiration und Information!

Weiterführende Links und Materialien zum Thema Pubertät und Erwachsenwerden

Für Kinder gibt es das **Online-Portal** www.trau-dich.de mit telefonischer Information und Beratung. Du kannst dich dort selbstständig, anonym und kostenfrei über Hilfsangebote in deine Nähe informieren und auf der Internetseite gibt es in kindgerechter Form Wissen zum Thema Kinderrechte, körperliche Selbstbestimmung und sexueller Missbrauch.

Bei Problemen/Missbrauch und Gewalt gibt es spezielle Stellen, an die sich Jugendliche wenden können. Unter anderem auf der Website https://www.was-geht-zu-weit.de/ gibt es eine Online-Beratung.

Auf http://nina-info.de/ N.I.N.A., einer Initiative des Bundesvereins zur Prävention von sexuellem Missbrauch an Mädchen und Jungen e.V., bietet sich ebenfalls die Möglichkeit, telefonisch, online oder persönlich einen Seelsorger ausfindig zu machen.

Meine Erziehung – da rede ich mit! Ein Ratgeber für Jugendliche zum Thema Erziehung; vom Bundesministerium der Justiz und für Verbraucherschutz. Dieser ist online unter: https://www.bmjv.de/SharedDocs/Publikationen/DE/Meine_Erziehung.pdf?__blob=publicationFile&v=9 abrufbar. Er lässt sich gemeinsam mit den Eltern lesen.

Die zentrale Anlaufstelle für von sexuellem Kindesmissbrauch Betroffene, aber auch für Menschen, die Missbrauch in ihrem Umfeld wahrnehmen ist unter der Telefonnummer: 0800 22 55 530 (anonym und kostenfrei), montags und mittwochs: 9–14 Uhr, dienstags und freitags: 16–21 Uhr, sonntags: 15–20 Uhr erreichbar. Sie besitzt auch eine Website: https://beauftragte-miss-brauch.de.

Unter der Web-Adresse www.jugend.bke-beratung.de lässt sich auch Rat und Unterstützung von erfahrenen Fachkräften holen. Sie haben ein offenes Ohr für alle Sorgen und Probleme, auch für jene, die nichts mit Missbrauch oder Gewalt zu tun haben. Die Berater lassen sich anonym unter 116111 erreichen.

Wer auf der Suche nach Aufklärungsvideos im Internet ist, der sollte den Kanal von ZDFtivi auf YouTube abonnieren. Er nennt sich: Was passiert in der Pubertät? logo! erklärt - ZDFtivi Kanal auf Youtube. Dort findet sich eine kindgerechte Aufklärung mittels kleiner Videos zu verschiedenen Themen der Pubertät.

Schwule Jugendliche können sich auf der Internetseite des schwul-lesbischen Jugendzentrums „anyway" in Köln über Homosexualität informieren. Dort kannst du zudem mit anderen schwulen Jugendlichen chatten und sprechen und dich in verschiedenen Foren beraten lassen. Du kannst dort auch jederzeit anrufen. Die Telefonnummer lautet: 0221 / 57777-60 (https://www.anyway-koeln.de/).

TransInterQueer Verein e.V., kurz TrIQ, ist ein soziales Zentrum mit Sitz in Berlin und eine Selbstvertretungsorganisation von und für trans*, inter* und nicht-binäre Jugendliche und Erwachsene. Sie setzen sich politisch, kulturell und wissenschaftlich für trans*, inter* und nicht-binäre Belange ein. Dort findest du eine Beratung und kannst an Gruppentreffen teilnehmen oder andere Unterstützungsangebote wahrnehmen. Zudem gibt es eine umfassende Bibliothek und viele hilfreiche Informationen auch auf www.transinterqueer.org.

Für die Netzrecherche

Es gibt viele Websites und Online-Ratgeber, die auf Jugendliche wie dich zugeschnitten sind und sich mit Themen wie Liebe, Sex, Identität und Pubertät beschäftigen. Zu den besten unserer Meinung nach zählen:

- https://kinder.wdr.de/tv/du-bist-kein-werwolf/mein-koerper/index.html

- https://www.loveline.de

- www.geo.de/geolino

- www.recht-relaxed.de

- www.liebesleben.de

- www.regenbogenportal.de

- sex 'n' tipps: Geschlechter Mädchen? oder Junge? Aufklärungsbroschüre der BZgA

- https://www.berlin.de/familie/de/asset/download/asset-2499

- https://www.transinterqueer.org/

Weitere Bücher zum Thema Pubertät

1. Julia Sanders: Das große Aufklärungsbuch für Kinder ab 8 Jahren: Altersgerechte und zeitgemäße Aufklärung für Kinder mit cleveren Antworten auf alle Kinderfragen zur Pubertät, zum Erwachsenwerden und vieles mehr; Taschenbuch; erschienen am 18. Juni 2021; ISBN: 9788522735234

2. Katharina von der Gathen; Anke Kuhl: Klär mich weiter auf: Noch mehr echte Kinderfragen zu einem aufregenden Thema, erschienen am 19.01.2021, Taschenbuch, ISBN: 9783954701919

3. Jörg Müller, Dagmar Geisler: Ganz schön aufgeklärt! Alles, was man über Aufklärung wissen muss; überarbeitete Neuausgabe; ISBN: 9783785578605

4. Mayim Bialik; Endlich blicken, wie wir ticken – Spannendes Wissen rund um die Pubertät; erschienen am 21. August 2020; ISBN: 9783423740623

5. Julia Korbik; How to be a girl: Stark, frei und nicht zu übersehen; erschienen am 13. September 2018; ISBN: 9783522305099

6. Robie H. Harris; Total normal. Was Du schon immer über Sex wissen wolltest. Taschenbuch; (1. Januar 2002), ISBN:9783407753168

7. Sanderijn van der Doef; Wie ist das mit der Liebe? Emotionale Entwicklung für Kinder – Fragen und Antworten zur Aufklärung für Kinder ab 9; (Juni 2012); ISBN: 9783785575932

Quellen

1. Bundeszentrale für Gesundheitliche Aufklärung, Ein Ratgeber für Eltern zur kindlichen Sexualentwicklung in der Pubertät, (2021); https://www.bzga.de/infomaterialien/sexualaufklaerung/ueber-sexualitaet-reden-die-zeit-der-pubertaet/

2. Jugendportal der Bundeszentrale für gesundheitliche Aufklärung (2021); https://www.loveline.de/themen/maedchen/

3. Die Online-Beratung Sexundso; https://sexundso.de/pubertaet/

4. pro familia Deutsche Gesellschaft für Familienplanung, Sexualpädagogik und Sexualberatung e.V., Landesverband Niedersachsen

5. Klexikon, Wikipedia für Kinder; https://klexikon.zum.de/wiki/Pubert%C3%A4t

6. Katja Aue, ERNÄHRUNG AKTUELL, Gut ernährt durch die Pubertät, (2021); https://www.deutsche-apotheker-zeitung.de/daz-az/2009/daz-7-2009/gut-ernaehrt-durch-die-pubertaet

7. Marion Statz, Liebe, Körper, Gefühle: Eine Werkstatt zum Sexualunterricht (3. und 4. Klasse)

8. GrenzEcho; Pubertät – Schwärmerei und deine erste Liebe (*03. Februar 2017*) https://www.kaleido-ostbelgien.be/fileadmin/template/PDF/dokumente/echolino/Pubertaet___Schwaermerei_und_deine_erste_Liebe_I_GrenzEcho.pdf

9. Verliebtsein Anzeichen (September 2021); https://3tipps.
tv/verliebt-sein-anzeichen/

10. Wenn die Seele schmerzt: Die besten Tipps gegen
Liebeskummer, (abgerufen Oktober 2021); https://www.
geo.de/geolino/mensch/10082-rtkl-wenn-die-seele-
schmerzt-die-besten-tipps-gegen-liebeskummer

11. Recht Relaxed; Sex und Verhütung; Ab wann ist Sex
erlaubt   (2021)   https://www.recht-relaxed.de/WebS/
RechtRelaxed/DE/KoerperSex/SexVerhuetung/sexVer-
huetung_node.html

12. Landesstelle Jugendschutz Niedersachsen; Oft gestell-
te Fragen zum Jugendschutzgesetz, (abgerufen Oktober
2021); https://1-bkv.de/data/documents/faq-jugendliche.
pdf

13. Wirwarr der Gefühle - sexuelle Orientierung und
Sexualpädagogik, Beate Martin in Sexualpädagogik in
der Praxis, AJS Bayern 2002

14. Immer noch die „Scheißschwuchtel"; Parvin Sadigh
(2019); https://www.zeit.de/gesellschaft/familie/2019-04/
lgbtq-jugendliche-schule-diskriminierung-homosexuali-
taet

15. Liebesleben; Eine Initiative zur Förderung sexueller
Gesundheit der Bundeszentrale für gesundheitliche
Aufklärung (BZgA), gefördert durch die Bundesrepublik
Deutschland.https://www.liebesleben.de/fuer-alle/se-
xuelle-orientierung/homosexualitaet/ und https://www.
liebesleben.de/fuer-alle/sexualitaet/das-erste-mal/

16. Regenbogenportal.de   vom   Bundesministerium   für
Familie, Senioren, Frauen und Jugend; (2020); https://
www.regenbogenportal.de/informationen/mein-kind-ist-
vielleicht-trans

17. Sarah Morgenstern: Erste Anzeichen der Pubertät und ab wann sie normalerweise beginnt, (September 2021), https://www.familie.de/schulkind/pubertaet/anzeichen-einsetzen-pubertaet/

18. Herzfunk: Woran erkennen Jungs, dass sie Jugendliche werden? (September 2019), https://kinder.wdr.de/radio/kiraka/hoeren/herzfunk/jungen-pubertaet-102.html

19. Die Pubertät bei Jungs: Wenn der Sohn zum Mann wird! https://famigros.migros.ch/de/kinder-und-jugendliche/erziehung-und-entwicklung/pubertaet-jungs

20. https://www.geo.de/geolino/mensch/4408-rtkl-pubertaet-wenn-kopf-und-koerper-erwachsen-werden

21. McCabe M, Ricciardell; Körperwahrnehmung: Viele Teenager unzufrieden (2009); https://www.aerzteblatt.de/archiv/66696/Koerperwahrnehmung-Viele-Teenager-unzufrieden

22. https://www.tk.de/techniker/magazin/life-balance/familie/jungen-in-der-pubertaet-2009382

23. Du bist kein Werwolf - WDR Kinder TV zur Pubertät https://kinder.wdr.de/tv/du-bist-kein-werwolf

24. Fabienne Eisenring; Wenn's im Gesicht zu spriessen beginnt; (gelesen: 09. Dezember 2021); https://www.familienleben.ch/kind/jugendliche/der-erste-bartwuchs-was-jugendliche-wissen-sollten-5334

25. Wenn die Eltern peinlich werden; (gelesen 10.12.2021) https://www.elternwissen.com/pubertaet/erziehung/art/tipp/wenn-die-eltern-peinlich-werden.html

26. Anne Christin Sievers; Ihr seid so schrecklich peinlich! (gelesen am 10.12.2021) https://www.faz.net/aktuell/gesellschaft/jugend-schreibt/pubertaet-ihr-seid-so-schrecklich-peinlich-1759504.html

27. Lisa Purrio, Was passiert beim Stimmbruch?; (Februar 2021) https://www.familie.de/schulkind/pubertaet/wenn-die-stimme-wackelt-was-passiert-beim-stimmbruch/

28. Warum Mädchen auch in den Stimmbruch kommen; (gelesen 12.12.2021) https://www.geo.de/wissen/2437-rtkl-kurz-erklaert-warum-maedchen-auch-den-stimmbruch-kommen

29. Robie H. Harris; Total normal. Was Du schon immer über Sex wissen wolltest. Taschenbuch; (1. Januar 2002)

30. Man(n) nehme ein Kondom, dass passt; Information für Jugendliche; Profamilia (2007) https://www.profamilia.de/fileadmin/publikationen/Jugendliche/man_nehme_ein_kondom_2010.pdf

31. Das erste Mal: Tipps für Jungen; (Februar 2020) https://www.maedchen.de/love/das-erste-mal-tipps-fuer-jungen-87199.html,

32. Die 15 wichtigsten Fragen zur Pubertät (Mai 2008); https://www.geo.de/magazine/geo-wissen/13375-rtkl-die-15-wichtigsten-fragen-zur-pubertaet

33. Jungen und Männer im Spagat: Zwischen Rollenbildern und Alltagspraxis: Eine sozialwissenschaftliche Untersuchung zu Einstellungen und Verhalten; Bundesministerium für Familie, Senioren, Frauen und Jugend; https://www.bmfsfj.de/resource/blob/94088/100b89250f16a-96e2100074fc7455e7c/jungen-und-maenner-im-spagat-zwischen-rollenbildern-und-alltagspraxis-data.pdf

34. Michael Kimmel: Guyland: The Perilous World Where Boys Become Men (ISBN 978-0-06-083134-9)

35. 20-jährige Frauen und Männer heute. Lebensentwürfe, Rollenbilder, Einstellung zur Gleichstellung, 2007, Sinus Sociovision, Autoren: Wippermann, Carsten und Katja, Herausgeber: BMFSFJ Download: http://bit.ly/1yfNBM5

36. Kannengießer, Sigrid/Krainer, Larissa/Riesmeyer, Claudia/ Stapf, Ingrid (Hrsg.) (2015): Eine Frage der Ethik? Eine Ethik des Fragens. Transdisziplinäre Untersuchungen zu Medien, Ethik und Geschlecht. Weinheim: Beltz Juventa

37. Mediale Frauen- und Männerbilder, Klickafe.de; (gelesen 19.12.2021), https://www.klicksafe.de/fileadmin/media/documents/pdf/klicksafe_Materialien/Lehrer_LH_Zusatz_Ethik/LH_Zusatzmodul_medienethik_klicksafe__Baustein3.pdf

38. Stereotypen zu Gender; (gelesen 19.12.2021); https://kulturshaker.de/einstellung/stereotype/gender/

39. Prävention von sexuellem Missbrauch; (geöffnet am 19.12.2021) https://www.bzga.de/was-wir-tun/praevention-von-sexuellem-missbrauch/